黒潮は流れてやまず

―高知人権共闘会議のたたかい―

鎌田　伸一　著

◆部落問題研究所◆

本書は、『人権と部落問題』（部落問題研究所）２０２３年７月号～２０２４年７月号（13回連載）に掲載した記事をもとに、若干の加筆・訂正を行ってまとめた。

高知人権共闘会議のたたかいの歴史を若い世代に継承する一環として出版するものである。

はじめに―当たり前の教育と行政を求めて

高知県人権共闘会議（人権と民主主義・教育と自治を守る高知県共闘会議）は、２０２４年に結成49年を迎えた。私はその中で41年間連続して役員をしており、６つの役職をすべて経験した唯一の人間である（事務局員、次長、事務局長、副議長、議長、顧問）。そういうことから何らかのまとめが必要と考え、たたかってきた内容を覚え書き的に記すことにした。

資料をめくりながら改めて思うことは、公教育や行政がいかに歪められ、逸脱してきたかということである。なぜそうなったのか、私はその理由を次の４点だと考える。

一つは、「同和教育」「人権教育」の持っている曖昧（あいまい）さである。そのため、拡大解釈や肥大化が起こり、「エセ」理論を生むことになったと思う。

二つめは、同和対策審議会「答申」が規定した「実態的差別」と「心理的差別」という「差別二元論」の誤りである。住民の意識を問題視する「行政啓発」は内心の自由を保障する憲法に違反するものであることは明白であったのに、その歪みは現在まで続いている。

三つめは、部落解放同盟（以下、解同）による「糾弾闘争路線」が、もの言えぬ状況を作り出し、学校教育や行政への介入をすすめてきたことである。

四つめは、部落問題解決の展望を示し得ていない解同の影響を受けて、行政が解決のすじ道や展望を示せないことである。また、解同の介入・圧力を組合攻撃・組合対策に利用してきたことである。

全解連（全国部落解放運動連合会）は、国民融合理論を提起し、問題解決の4つの指標を打ち出した。中でも部落問題の解決は、差別的言動がゼロになることではなく、たとえ差別的言動があったとしてもまわりがそれを受け入れない状況ができることであり、現在基本的に解決に到達しているとの提起は画期的であり、大きな展望を示すものであった。しかし、解同の排外主義、根強い差別意識論に追随する教育・行政は、この方針を無視し混乱を続けている。

私たちは、こうした偏向や歪みの是正のとりくみを、当たり前の教育と行政を求めるたたかいとして、教職員、保護者、地域住民と共に粘り強くとりくんできた。その主なものを記すこととする（自治体名や肩書きなどは当時のものを使用している）。

「（10）県教育委員会の人権教育の問題点」は、2010年に人権連の「地域と人権」にまとめたものであり、他の章と重なる部分もあるが、県教委の「人権教育方針」の全体的な問題点をまとめたものなので、記録として残しておきたいと考え加えた。「人権教育方針」は、改善された部分や人権の課題が11課題（52ページ）になるなど多少変化はあるものの、基本は現在も変わっていない。

今私たちが行政側と論争しているのは、次の4つの課題である。①現状のとらえ方、②部落問題の解決をどうとらえるか、③教育・啓発で差別意識をなくすることができるのか、④人権をどうとらえるか—である。

今回の出版が、ふりかえりだけでなく、新しい「歴史」への第一歩となるものと考えている。

目次

（1）八鹿高校事件の余波の中で

一　人権共闘組織の結成

1974年11月22日の八鹿高校事件（解同による教職員への集団リンチ事件）は、日本の教育史上例のないものであり、その衝撃は大きかった。当時、高知県内でも狭山闘争ゼッケン登校や「部落民宣言」が一部の学校に持ち込まれる動きがあり、私たちの先輩は機敏に対応した。

八鹿高校事件の4カ月後に、「『解同』朝田派の暴力から人権と民主主義・教育と自治を守る高知県連絡会」が10団体で結成された（県教組、高教組、全解連、国民融合県会議、共産党、新婦人、民青、民商、私学教組、四銀従組）。基本方針として「暴力や不当な糾弾、介入と闘い、県民の人権と民主主義、教育と自治を守る」など5項目の活動方針をかかげ、調査、宣伝、学習、行政交渉、地域組織づくりにとりくんだ。県下5地域で地域人権共闘会議が結成された。その後の状況を考えた時、当時の判断が的確なものであったといえる。

結成当時のエピソードを一つ紹介したい。会計を全解連県連書記の岡村ヱツ子さん（婦人部書記長）が担当した。四国銀行の県庁支店を利用していたが、岡村さんはフルネームで呼ばれないと立ち上がらなかったので、行員はそのつど「解同朝田派の暴力から…」と読み上げ、まわりはギョッとしているが、彼女は涼しい顔をしていた。困った行員がある時、名前を変えてくれないかと相談してきたが、「団体名だから変えられん。文句がある人は言うて来て下さいと伝えて」と拒否した。それから9年間1本の抗議電話もかかってこなかった。

１９８4年8月23日に再スタートの総会を開き、現在の名称に変え今日に至っている。現在は、県労連、県退教、高退協が加わり、国民融合県会議と四銀従組が抜けて11団体で運営している。また、個人会員の加入もすすめている。

活動としては、次の5項目を重点として取り組んできた。

①子どもの言動は、発達途上の教育課題であり、「差別事件」（事象）としては取り扱わない。

②「確認学習会」と称し、「解同」が参加して点検、追及することをやめさせ、学校や行政の自主性、主体性を守る。

③ゼッケン登校など狭山闘争に子どもを巻き込んだり、学校教育に運動を持ち込むことに反対する。

④「部落民」としての自覚や誇りを強要する「部落民宣言」（立場宣言）や、部落解放の担い手づくりをめざす「解放子ども会」に学校や行政が係わることに反対する。

⑤偏向した内容、非科学的な教材により人権意識が歪められ、仲間との連帯が阻害されている「解放教育」に反対する。

このような活動を多くの人々と共に取り組んできた。具体的には、行政交渉、議会質問、学習会、講演会、パンフレットや本の発行、ビラの作成、配布、裁判闘争支援などである。

一時期、いくつかの県で人権共闘会議が結成されたと記憶しているが、現在も活動を続けているのは私たちだけではないかと思う。それだけ高知県では問題が多く、しかも続いていることの結果であるかも知れない。

二　解同の中村高校糾弾に抗して

１９７７年４月、私は教諭採用５年目を県立中村高校で迎えていた。４月初めの各担当を決める組織職員会が、最後の同和教育主任の人選で難航した。八鹿高校事件の３年後ということもあり、誰も引き受け手がいなかったのである。前任者のＯ教諭が、誰もが驚いた教育委員会（県教委）の同和教育指導主事に栄転し、空席になっていたのである。

重苦しい雰囲気が続く中で、若い私を推せんする声があり、いっせいに拍手が起こった。有無を言わせぬ空気であり、私は３つの条件を校長に提起し、それが認められるなら引き受けると発言した。一つは、校内の出来事は校内で対応し、外に持ち出さないこと。二つめは、生徒や教職員の言動を差別事件として扱わず、校内で話し合うこと。三つめは、生徒に何らかの言動があったとしても、クラス担任を問題の矢面に立たせないこと。校長は引き受け手が現れたために、ほっとしたのか、あっさり三点を認め、「その通りにやってください」と言った。これがその後、大きな役割を果たすことになるとは思っていなかった。

同和教育主任になると、自動的に部落研（部落問題研究部）の顧問になることが決まっていた。早速、私は同和奨学生の２年生Ｔ部長と、同じく１年生のＭ副部長に呼び出され、驚くべき内容の要求を突きつけられた。

①狭山闘争を部落研の活動として認めること。

②生徒会の部費以外に活動費を支給すること。前任のＯ先生はしてくれていた。

③職員会での先生方の発言を知らせること。これもO先生はしてくれていた。「先生（私）が職員会でどんな発言をしていたか、ぼくらはちゃんと知っちょるぜ」とも言われた。私は、O先生の栄転の理由がわかった気がした。

私は彼らの要求をすべて拒否したが、その後もくり返し要求してきた。2時間ぐらい部室で追及されることもあった。そうした中で「事件」は起きた。M君が放課後のホームルームの時間に、突然学級担任のI先生に質問をした。「先生の子どもが部落の人間と結婚することになったらどうするか」というものであった。当時、I先生の娘さんは3歳であり、将来のしかも仮定の話であったが、その発言が「解同」によって問題視された。I先生は「自分はかまわないが親戚は反対するかも知れない。理由は部落にはヤクザになっている人がいて怖がられている」と説明したのだった。

「差別発言」だという解同の主張に教員たちは猛反発した。私が提起した3つの条件もあり、職員会は強気であった。解同は「差別を助長する発言」と言い方を変えて、10項目の申し入れと糾弾会を提起してきた。

私の気持ちは決まっていたが、2つの課題があった。一つは家族の理解と協力、もう一つは職場の分断を防ぐこと。とりわけ組合の分会員全員の意思統一が必要であった。自宅を解同の宣伝カーで取り囲まれるかも知れないが、協力してくれるかと妻に相談したら、同じ組合員でもあり理解してくれ、いざという時は2人の子ども（就学前）を連れて、隣の市にある私の実家に疎開すると言ってくれた。

ほっとした私は、組合員の意思統一に全力をそそいだ。職場会を、昼休み、放課後、夕食後と1日に3回開いたこともあった。仕返しが怖いという声もあった。事を荒立てず糾弾会には出て、言いなりにはならないようにしたらという妥協案もあった。しかし、論議を重ねて、不当な要求に屈して、生徒に正義を語れるかということになり、自分だけ逃げるわけにはいかないと最後の1人が決意をして、全員不参加でたたかうことを確認した。

職員会も何回も開かれ、本音をぶつけ合った。高教組分会員の全員不参加の決意も影響して、職員全員不参加という決定がされた。これに慌てた第二組合である独立高教組の執行部はオルグを派遣して、「校長を見殺しにするな」という理由で切り崩しをはかった。私は驚きはしなかった。心配したのは、職場の分断、ミゾがその後の学校運営に与える影響だった。私は校長に電話をして、糾弾会の2日前に職員会を開いてもらった。私は最後の訴えを行った。参加・不参加と対応は分かれるが、今までの議論を通じて私は先生方の思いは一つであることを確信している。教育の専門家として、自主性・主体性を大切に、自由にものが言える職場づくりを皆さんの協力ですすめていこうではありませんかと伝えた。全員の長く大きな拍手に、分断をはね返した手応えを感じた。

この私たちのたたかいを強力に後押ししてくれたのが、日本共産党中村市委員会（委員長は小橋則通中村市議）だった。宣伝カーを走らせて解同による中村高校糾弾を知らせ、その不当性を批判した。また登校する生徒たちに「解同」批判のビラを配った。

この年県立の進学校であり、しかも部員12人の中村高校野球部が第49回甲子園大会出場を決め、学校に対する注目が高まってきていた。ＰＴＡ役員や同窓会役員、保護者が学校を守れと立ち上がった。

高教組幡多支部（県南西部を幡多と呼ぶ）9分会は、糾弾会当日、不参加の私たちを励ます集会を開いてくれた。組合員でない7人の先生も行動を共にした。また3年後に退職という独立高教組の組合員だった保健体育のT先生（女性）は、組合を脱退して私たちと行動を共にしてくれた。「励ます会」で、T先生が「教員人生の最後に汚点を残したくなかった。共にたたかえて清々しい思いです」と述べて感動を広げた。

教職員の半数が欠席した糾弾会は、紛糾したとのことであった。参加した人が詳しく教えてくれた。

青年部がいきり立って、なぜ参加者が少ないのか、なぜ同和教育主任が出席してないのかと校長を責めた。進行役を務めていた解同県連副委員長が青年部をなだめて、「あの男（私）は首にナワをつけても出てくる男じゃない。あの男を連れてくるには代々木（日本共産党本部）へ掛け合いに行かないかん」と言ったそうである。

糾弾会は失敗し、校長は10項目の要求書の何一つ確約させられることなく終わった。次の日、校長は休みを取り、2日後の朝礼の後、私は校長室に呼ばれた。「皆さんの頑張りのおかげで何一つ約束することなく終わりました」と、感謝の言葉をかけてくれた。

部落研は、T君、M君以外は退部して、休部状態となった。2人は糾弾会に参加していたとのことだが、それまで大きな態度だったT君がおとなしくなった。私の前で体を小さく震わせていた。「解同」に楯突く私が怖かったのかもしれない。

右側が筆者

次の年の人事異動が注目されたが、私以外は希望に反する異動はなかった。私は校内人事という形で併設の通信制課程に出された。他校へ出せば不当弾圧人事と騒がれるので、県教育委員会は同和教育主任からはずして、「解同」の顔を立てたのである。これ以後、学校に対して「糾弾」は使われなくなった。この「事件」は、その後の私の人生を決めるものとなった。

県教委に「要注意人物」としてマークされた私は、その後全日制で勤務することはなく、定時制で定年を迎えた。私はそれでよかったと思っている。全日制の細かな校則にもとづく生徒指導が苦手であったことと、働きながら学ぶ生徒とのふれ合いは、私の性分に合っていたからである。

定時制でも同和教育主任（後に人権教育主任）を担当した。県教委の同和教育主任会は、当初全日制・定時制合同であった。定時制の同和教育主任は私たちの組合員が多く、県教委の方針批判を繰返すので、途中から全日制と分離して開催されるようになった。

定時制では、県の方針通りに取り組む学校は一校もなかった。生徒が受け入れないのである。県教委は黙認するしかなかった。

(2) 立ち上がる父母・住民たち

一 大方中学校の「確認学習会」反対のたたかい

1. 問題の経過

１９９０年９月28日、高知県西部にある大方町立大方中学校の一年生の「発言」が、学校や解同大方支部により「差別発言」と判断され、「確認学習会」が強行された。クラスの仲良しグループが会話している中で、C夫が「『解放子ども会』はバカの行く子ども会やろ」と発言した。それを聞いた「解放子ども会」のA子が嫌な思いをしたというものである。C夫は、学級担任の聞き取りに「何気なく言った」と答えている。

私は当時、C夫は放課後の校内放送で「『解放子ども会』の皆さんは、学習会をしますので児童館に集まって下さい」とたびたび流しているのを聞いて、「補習学習」のことだと勘違いしたのではないかと思った。

学校は次の日、企画委員会で2つの理由で「差別発言」と判断し、解同に通知した。

①C夫の発言は、「解放子ども会」に対する偏見を助長する。

②今なお残っている地域の差別性、「子ども会」に対する偏見が蓄積されているものである。

企画委員会はこう判断しているが、実はC夫への聞き取りは、その後に行われているのである。そのため、父母や地域の保護者が、学校が誘導質問をして後で裏づけをしたと批判し、不信を高めたのである。学校は、C夫が親から「同和地区の子どもには気をつけちょけよ」と言われたことがあるという言葉を引用して、「家庭や地域に偏見や差別性がある」と決めつけたのである。

C夫の父がA子の父に電話して謝った時、「気にしちゃあせん。子どものことじゃけん、心配せんちかまん」と言われていたのである。それなのに学校と解同が問題を大きくしたことに、父母・住民の不満と不信が高まっていった。

解同大方支部は、学校と町教育委員会に対して11月21日に「確認学習会」を行うことを申し入れた。学校は、それに向けて「大方中学校における差別発言報告書」を反対教員の声を無視してまとめた。その中には、今後の具体的実践方向として、「解放子ども会の立ち上がりを全面的に支援していく体制を作る」という文章が入れられた。同和教育主任は、「我々教師は460人（同和地区外の生徒）の差別性にどう立ち向かうのかが問われている」と、地区外の生徒を差別意識の持ち主と決めつける解同朝田理論でゲキを飛ばした。学校も町教育委員会も解同に屈服・迎合し、道理が通じない状況が生まれた。

2. ひろがるたたかいの輪

高知県教組加盟の幡(はた)多教職員組合は次の3つの方針を確認し、11月17日に大方町教育長に「申し入れ」を行った。

①学校、教育の自主性を守る。
②「確認学習会」の中止を求める。強行する場合は参加しない。
③父母、住民に事実を知らせ、報告学習会を開き、共にたたかう。

幡多人権共闘会議は、「確認糾弾会」の不当性と解同の教育介入を批判する住民向けのビラ（1回1600枚）を11月18日、11月25日、12月19日と3回発行し、地域配布した。これは注目を集め、反響を広げた。後に解同支部幹部が「砂に水がしみるように町民の中に入っていった」と悔しがったことが伝えられた。

11月18日には、「真相報告会」が開かれた。C夫の父が発言した。「私は『同和地区の子どもに気をつけちょけよ』とはひと言も言ってない。思い当たるとすれば、大きな問題になったので、『ことばには気をつけないかんねえ』と話しただけである。相手の父親も電話をくれて、『子どものことやけん、心配せんちかまん』と言ってくれたので、解決したものだと思っていた。当事者のやりとりを飛び越えて、学校が『解同』と一体となり、こんなに問題を大きくしていることに強い怒りを持つ」と述べて、大きな拍手につつまれた。C夫の父母が、学校に対して「家庭や地域に偏見や差別性がある」との判断の根拠をたずねたところ、同和教育主任は「雰囲気で偏見があると思った」と答えている。家庭や地域にあるのは、当たり前のことが通用しない学校、町教育委員会、解同への不信感である。自分たちに反対する者は差別者ととらえる解同流の考えに教員が汚染されていることが明白となった。

高知県人権共闘会議が町教育長に交渉を申し入れたが、直前になって「多忙」を理由に延期を言ってきた。その時教育長は、「解同」大方支部長と「確認学習会」の延期を話し合っていると言っていたが、解同県連の意向で11月21日に強行された。「確認学習会」では、解同から「賤称語は使われていないが、同和地区の子にバカというのは差別である。学校の責任だ」との追及があった。そして、「人権共闘会議のビラを配るような教師は町内から出て行ってもらわにゃいかん。その条件整備をするのは町教委の仕事だ」と人事介入発言があったが、次の人事異動で不当人事は阻止した。

「地域に差別性がある」と言われたC夫の住むO地区の父母有志16人は、学校に対し次の3点の「申し入れ」を行い、3回（11月20日、12月4日、12月10日）の話し合いを持った。

①「家庭や地域に偏見や差別性がある」との判断は事実ではないので撤回すること。

②子どもの発言に対して、差別・被差別者という対立の関係でなく、対等・平等の立場で指導してもらいたい。

③外部の運動団体に相談せず、学校のことは校内で解決してもらいたい。

1991年に開かれた全国教育研究埼玉集会にレポートを持って組合の先生と参加した父母代表の尾﨑さん（父親）は、切々と訴えた。「何をそんなに怖がっているのですか。困っているなら父母が先生の前に立ちましょう。教育の場に運動団体を入れないで下さい。教育は父母の信頼を得てこそ実り多いものになるのではないですか。今回、先生方が子ども達に教えたことは、同和地区の子には気をつけなさいということですよ。子どもにずる賢さを教えて欲しくありません。顔色を見て育つ子どもになって欲しくありません。」

学校は、「『確認学習会』は今後はやらない」と答えたものの、「申し入れ」事項に明確な回答がなかった。そこで父母有志は、3項目の「申し入れ」と自分たちの思いを手紙にして関係者に発送した。大方中保護者（500世帯）、町内教員（133人）、区長会関係者（40人）。この他、共産党議員は町議会、県議会で追及し、県教組と人権共闘会議は県教育委員会、文部省交渉を実施した。

3．共通の思いで連帯する同和地区内外の父母

保護者、住民、民主諸団体が結集して「大方の子どもを守る会」が結成され、「子どもの人権シンポジウム」が2回開かれた。2回目は、成澤榮壽先生（国民融合をめざす部落問題全国会議事務局長／長野県短期大学教授）が講師で参加された。

集会では、同和地区内外の保護者が、①学校のことは校内で解決をする、②「部落」（同和地区）を特別扱いする教育を中止する、の2点で一致し、熱く盛り上がった。参加者は確信に満ちていた。国民融合による部落問題の解決を力強く示す場となった。

同和地区の母親が、先生方への手紙を紹介した（学校通信に載せる約束だったのに、後でボツにされた）。「今回のことで、子ども達の友人関係もめちゃめちゃにし、先生方への信頼も無くなることを心配しています。私の子どもも含めて子供達は、同和教育にうんざりしています。今までこだわりなく言えた自分の地域の名前が言えなくなっています。同和地区の子ども達も友人をバカにした事を言っています。地区外の子どもの発言だけが問題になる。これこそ差別です。子ども達がよく言うのは『同じ事をしても先生は地区の子には甘い』ということです。だから何かあるとすぐ差別だととらえる、狭い人間を育てることになるのではないですか。」

保護者、住民の当たり前の教育を求める思いは大きな連帯となった。成澤先生は、このたたかいの

感想を次のように記している。

「高知へ行き、埼玉の教研で報告を聞き、高知の皆さんが楽天的で確信に満ちていることを感じた。私は皆さんの国民融合をめざすたたかい、広くわが国の自由と民主主義を発展させるたたかいを、自由民権運動に歴史的な思いを馳せながら、心から敬意を表するものである。」（高知県人権共闘会議編『当たり前の教育を』〈南の風社、１９９２年〉の「発刊に寄せて」より）

二　高知市立介良（けら）小学校での偏向教育是正のたたかい

1．保護者、住民が署名を集めて教育長交渉

介良小学校では、１９８８年から2年がかりで「解放教育」を批判する県教組の組合員を全員転出させた。その中で行われたのが、狭山闘争ゼッケン登校であり、「解放子ども会」の学校教育への持ち込み、特異な同和副教材による過度な「解放教育」であった。

保護者・住民の怒りが吹き上がったのが１９９０年である。「介良の教育を考える会」を結成し、高知市教育長宛の4項目の署名運動を展開した。
①すべての子どもにしっかりした基礎学力、体力をつける教育を行うこと。
②子どもや父母・教職員が自由に発言できる明るい学校にすること。
③発達段階に応じ基本的生活習慣の確立をはかること。
④憲法、教育基本法にもとづく人権認識を育成すること。
署名は20日余りで１５００筆集まり、保護者・住民代表は教育長交渉に臨んだ。参加者から次々に

不満、怒りがぶつけられた。特に母親たちの思いは強かった。

○国語の教科書を何十ページも残して、それを宿題にする。その一方で同和の教材は優先してやっている。

○先生はどういう基準で選んでいるんですか。「同和教育」には熱心か知らんが、教科の指導力がない。結局、子どもを塾に行かせることになる。

○先生は、同和地区の子どものおばあさんの葬式には授業を自習にして参加したが、自分のクラスの子どもの入院には見舞いにも行かなかった。

○ほとんどの先生が常識がない。子ども、親、先生の協力関係が崩れてバラバラになっている。

西内教育長は、「お母さん方の切なる訴えに本当に申し訳なく思っている。常識に照らして、改めるべきものは改めることをお約束する。」と発言せざるを得なかった。

松岡教育次長は、「教科書の消化範囲は当然やるべきもの。申し訳ない。また、クラスの生徒の入院には顔を出すのが常識である。」と答えた。保護者代表の父親は、「単に教育的配慮に欠けたという問題ではない。偏向教育を長くやってきた結果の歪みである。是正すべきはそこにある。」とクギを刺した。

2．研究集録でのプライバシー侵害問題

ある保護者の告発で問題が明るみに出た。研究集録の冊子には、小学校1年生から6年生までの同和教育の実践が記録されていた。学校が独自に作った同和副教材を中心にしたとりくみと「解放子ども会」のとりくみが記述されていた。

問題の1つは、1年生の同和学習であった。同和副教材の1ページ全面に「エタを殺せ」という文

章が印刷されていた。先生は、これは差別落書であり、実際には赤で書かれていたと説明した後、クラスのA子ちゃんの名前をあげて、「A子ちゃんを殺すことはできないよね」と子どもたちに呼びかけたことが研究集録に書かれていた。この先生は、自分の言葉に気づかなかったのか、A子ちゃんを「エタ」と特定したのである。

2つめは、各学年ごとにこのクラスの部落の子は○人であると記述され、文中に下の名前が実名で出されていたことである。例えば、3年生のあるクラスのBくんは、「解放子ども会」に積極的に参加していて、「だんだん部落の子らしくなってきた」と書かれていた。また5年生のCくんについては、「親が『解放子ども会』に批判的なため、あまり顔をだしてなくて残念である」と書かれていた。

県人権共闘会議は、保護者の皆さんと教育長交渉で追及した。西内教育長は「プライバシーに関わる重大な問題である。弁解の余地はない。関係者の皆さんに申し訳なく、心からお詫びする。集録はただちに回収して焼却処分とする」と陳謝(ちんしゃ)した。

1991年の人事異動では、偏向教育を推進してきた校長と教員2名が転出させられた。2人の教員は、保護者から「常識に欠けている」と批判されていた「解放教育」推進の中心人物であった。

驚いたことに、A教諭は山間部の小学校の教頭に昇進しての転出であった。これは、保護者・住民の抗議で出されたことをあいまいにするための解同に対する忖度人事であった。教頭昇任での転出なら文句を言われないからである。

A教頭は6年間に4校を転任し、次に述べるように山田小学校に赴任して問題の中心人物となったのである。県教委には重いツケが回ってくることとなった。

（3）爆発した父母の怒り―大量転校問題―

一　保護者の不満、不信の要因

１９９０年代に入って、高知県内で「解放教育」とのたたかいが展開されたが、その締めくくりとも言うべき大きな問題となったのが、１９９７年の土佐山田町立山田小学校（現在・香美市）の大量転校問題である。

父母・住民が不満、不信を主張する主なものは次のような問題である。

①「解同」役員であるA教頭の体罰や父母への威圧的態度
②あまりにも多い「かいほう」（特設同和教育）の時間
③4年生になると同和地区の子どもに強要する「立場宣言」（被差別の立場の告白と差別とたたかう決意表明）
④6年生で行われる同和地区を訪問して、ここが差別を受けている人が住む地域だと教えるフィールドワーク
⑤歪んだ教育方針、教師像（2つの基本方針のうち一つは「同和教育を中核として部落差別に役立つ民主的社会人の育成を図る」とある。また「望む教師像」の5項目の一つに「解放教育への意欲を持つ教師」というのがある）
⑥特定の子どもを配慮する「えこひいき」対応と学級の荒れ

子どもたちは、「解放教育」と「えこひいき」対応に反発して荒れる。それを教頭が暴力や威圧で抑える。それにまた子どもが反発し、不信を高めて荒れるという悪循環を繰り返していた。そして、子どもたちは親に「あんな学校に行きたくない。地区の子どもは差別される側で、ぼくらは差別する側で犯人扱いみたいだ」と訴えたのである。

「解放教育」の推進者である暴力教頭を配置転換してほしいと50人の保護者が町教育委員会に押しかけて要求したが、1997年の人事異動でA教頭は当校に残った。「解同」に気兼ねした結果であったことが後で分かる。父母は、A教頭のいる学校へは子どもを通わせたくないと22名が転校届を出し、入学予定の子ども10人が入学を拒否し、近隣の学校へ行くという前代未聞の集団転校事件に発展したのである。

二 「子どもを守り、教育をよくする会」の結成

暗く沈んだ町の雰囲気や学校への不信感、絶望感を克服していこうと、人権共闘会議が取り組んだのが「土佐山田町子どもと教育を守る大集会」の計画である。この案内と山田小学校の何が問題かを分かりやすく説明した大型ビラを作成し、全戸配布を行った。見出しに「特別な教育を持ち込まないで」「子どもを守れの輪をひろげよう」「子どもたちが、やったぁ！ できたぁ！ という感動のある学校を」という呼びかけを入れて、「解放教育」の実態、A教頭の問題を書いた。そして「大集会」の講師・三上満氏を、「あの金八先生のモデル三上満先生来たる！」と紹介したのである。このビラは話題を呼んだ。

5月11日、会場の山田小学校体育館は422人が参加して満席になり、熱気あふれた。三上さんは「学校とは信頼と希望をはぐくむところ」と題して講演した。感動、共感、確信、展望を与える内容だった。感想文95通（参加者4～5人に1人の割合）、募金26万6000円が寄せられた。

三上さんの講演の後、質問と意見表明の時間をとったことも好評であった。同和地区のお母さんがフィールドワーク反対の意見を述べて感動を広げた。今回、私はあらためて95通の感想文を読み返した。感動と興奮が伝わってくるものばかりである。共通しているものがいくつかある。「もやもやが晴れた」「胸のつかえがとれた」「すっきりした」というもの。「力が湧いてきた」「明日からの力になった」というもの。「同和教育はやめてほしい」「フィールドワークはやめてほしい」というもの。「山田小は変わっていくと思った」「山田の町が変わっていくのではと期待が持てた」というもの。そして「一番よかったことは、参加した人々が一つの心で終わりを迎えられた」というのがあった。この集会は町の雰囲気を変える潮目となった。

三上講演で刺激を受けた保護者、住民はその後話し合いをもち、7月5日に「子どもを守り、教育をよくする土佐山田連絡会」を結成した。当面の活動として、次の3項目の町議会議長宛の要請署名活動に取り組むことを決めた。

①保護者や町民等の意見を聞き、同和教育のすべてを抜本的に見直すこと
②フィールドワーク、立場宣言を即刻中止すること
③特定の子どもを特別扱いすることなく、どの子も平等に扱い、確かな学力を保障する教育をすすめること

運動が広がり、町の様子が変わった。喫茶店や店の前、道路の立話で「解放教育」批判、A教頭批判が行われるようになったのである。

三　同和地区の母親Bさんが知事へ直訴

土佐山田町では、解同支部長が町議会議員として絶えず町政に圧力をかけ、チェックしてきた。1993年から山田小学校は「同和教育推進地域指定校」になり、「解放教育」に力を入れるようになった。四国でも一番早く作られた「解放子ども会」は、「部落解放の戦士づくり」を目標とし、学校の先生が輪番で学習指導に出かけ、手当を支給されていた。

こうした状況を受けて、1993年に町人権共闘会議（笹岡優議長＝日本共産党町議）が再開された。そして、1994年に全解連の村崎勝利副委員長に続いて丹波正史書記長の2人を招いて学習会を開き、「解放教育」との闘いの地固めを行っていた。

こうした動きを封じるため、1996年の人事異動で県教組組合員4人を不当転出させた。8年前には15人いた組合員はゼロになった。そして転入してきたのがA教頭であった。解同をバックに校長をも牛耳るこのA教頭の足元から反旗をひるがえしたのがBさんである。

Bさんの娘さんが小学校5年生になると、同和教育主任や学級担任が次々と「立場宣言」の説得に家庭訪問をするようになった。私はBさんにお会いして、学級担任の2時間に及ぶ説得の様子を録音したテープを聞かせてもらったことがある。

Bさんの主張は明確である。「私が30数年生きてきて、お店をやっていて、差別を受けたと思ったことは一度もない。次の時代を生きる娘に被差別の自覚も、差別と闘う決意も必要ない」と言うのに対して、女性の担任教師は「今はないかも知れないが、将来結婚の時とかに差別されるかも知れないので、それに負けない人間を育てるために必要なのです。やらないと他の人の足を引っ張ることになるので協力して下さい」と粘るのである。Bさんは「私や娘がどう生きるかは私たちの権利。学校や先生方に指図されるいわれはありません」と拒否している。たまりかねたBさんは橋本大二郎知事に手紙を書き、できれば会って話を聞いて下さいと訴えた。なんと橋本知事はこの訴えを受け入れ、会うと返事をくれた。

人権共闘会議の役員、地元の共産党町議、「子どもを守り教育をよくする会」のメンバーなど応援団が同席する中で、知事会談は行われた。Bさんの訴えを聞いた知事は、「立場宣言」強要は人権問題だとの認識を示し、改善のための努力を約束した。このBさんの勇気ある行動がお母さんたちに大きな刺激を与えた。

四　人権共闘会議などのたたかい

県人権共闘会議の総会は通常高知市内で開かれるのであるが、この年は総会と教育講演会を土佐山田町で開いた。7月20日、JA会館を会場に開かれた総会に先立ち、梅田修先生（滋賀大学）の「同和教育の終結を考える」と題した教育講演会を開いた。この講演は、私たちの運動の大きな節目になった。山田小学校の問題も含めて、「良い同和教育、悪い同和教育の時代ではない。我々は同和の土俵から下りよう」という決断が生まれたのである。

8月21～22日には中央人権共闘会議の調査団が来高した。代表委員の土井大助氏（詩人会議運営委員長）、事務局長の工藤毅氏（全教執行委員）、全解連の中野初好執行委員長、同副委員長の村崎勝利氏が参加。また兵庫、広島、徳島、福岡、山口、三重からも参加した。県人権共闘会議との合同調査団で、土佐山田町と県教育委員会から聞き取りを行った。夜の交流会には高知県選出の日本共産党山原健二郎衆議院議員（文教委員）もかけつけた。

土佐山田町では、町田守正町長、杉本春一教育委員長、門脇昭教育長、佐竹山田小校長（4月着任）が対応した。混乱の原因について、門脇教育長は「先生の指導の方法もあったし、同和教育も一つの原因だったと思う」と答えた。同和教育について「私の耳に聞こえてくるのは、皆さんのおっしゃる立場宣言やフィールドワークです」と説明した。町田町長は「（同和教育は）一つの転機に立っていると思う。解同ラインが表に出ているのは事実で、皆さんの指摘を大いに参考にしていく」と答えた。県教委では、武政章夫学校教育課長、河崎章夫同和教育課長、豊島知章同和対策課長から話を聞いた。「解放教育」を正当化するような発言が出て、参加者を失望させた。工藤氏は感想として次のように述べている。「あきれたというのが率直な思い。現在の部落問題の到達点を無視した時代錯誤そのもの。この認識が山田小学校の混乱の原因になっているという思いを強くした。」

10月16日には全解連中央と県人権共闘会議による文部省交渉が行われた（中澤貴生小中学校課課長補佐）。県人権共闘会議からは原淳事務局長、石元巌次長（県教組書記長）、西村導郎次長（全解連県連書記長）が参加した。また、11月19日には衆院文教委員会で山原健二郎衆議院議員が、辻村初等中等教育局長に改善を要請した。

五　墓穴を掘ったA教頭の反共攻撃

1997年度の解同土佐山田支部の大会議案には、6人の執行委員の筆頭にA教頭の名前がある。

議案は「『差別糾弾』のたたかい」という項目の中で、保護者・住民を糾弾の対象として次のように書いている。「同和教育に熱意をもって取り組む教師を追い出そうとする企みを見破り、どのような差別も一切許さないで糾弾する姿勢を堅持して…。」

A教頭は「解放教育と生活つづり方を結ぶ会」の代表をしていて、「第3回解放教育研究集会」（20人程度のもの）を7月に土佐山田町内で開くことになっていた。県教委、町教委、県同教の後援も受けていた。その案内文書を愛媛県土居町の共産党・村上茂町議が入手して、2月に日本共産党高知県県委員会と笹岡優町議（町人権共闘会議議長）へ送ってきたのである。A教頭の知り合いが土居町にいて、A教頭が学習会に呼ばれたこともあるようで、案内を学校宛てに出したようである。

案内文書の中に次のような記述があった。「土佐の教育改革などというその内容の陳腐さを知ってか知らいでか声だけはかしましい現在、さらにまた『殺人的差別者集団・日共』どもの謀略はとどまるところを知らない今…。」日本共産党高知県委員会の浦田宣昭委員長は、2月25日、山﨑三男、幾井洋一、笹岡優町議と共に、土佐山田町の門脇教育長に抗議し、適正な対応を要請した。また、3月12日には県教委の吉良正人教育長に抗議と申し入れを行った。共産党の牧義信県議も3月議会で追及した。吉良教育長は「教師職としてふさわしくない。誠に遺憾、適正に対応したい」と謝罪した。県教委も町教委も県同教も後援を取り消し、集会は中止に追い込まれた。

3月の人事異動でA教頭は教育研究センターへ配転され、研修を命じられた。5年後に教諭で現場へ戻され、再び管理職に戻ることはなかった。

ここまで歪んだのは、行政が彼らを民主勢力攻撃、革新分断に利用し、制御できなくなってしまったからである。解同勢力に牛耳られた教育や職場は、どうなるかという苦い教訓となった事件である。土佐山田町が明るさを取り戻し、良識を取り戻せたことが救いとなった。

六　ユニークな「卒業式」とたたかいの成果

２００2年3月末をもって同和対策の特別措置法は終了し、一般行政へ移行する新しい時代を迎えた。土佐山田町では、この歴史的な節目にユニークな記念行事を企画した。「はばたけ未来へ　同和行政・同和教育からの卒業式」である。「子どもを守り教育をよくする土佐山田連絡会」と香美郡教組が中心となり、「実行委員会」を作って取り組んだ。

卒業証書

土佐山田町のみなさん
「卒業式」参加のみなさん

みなさんは、１９６5年8月11日の同和対策審議会の答申によって進められてきました同和対策のすべての課程を終了したことを告知します。

今後は、この課程においての積極面と社会的にあたえた弱点を明確にし、日本国憲法で保証する基本的人権を享有する仲間として、健康で明るいまちづくりに一層のご努力をお願いし、卒業とします。

二〇〇二年三月三一日

子どもを守り教育をよくする土佐山田連絡会、同和行政・同和教育からの「卒業式」実行委員会

「高知新聞」への折り込み広告や立看板、宣伝カーなどで広く訴えた。3月31日、中央公民館ホールに１５０人余が参加した。記念講演は、梅田修教授（滋賀大学）が「人権教育とはなにか」と題し

て行った。この講演内容は、「高知民報」が連載で紹介した。

卒業証書は、山崎千行香美郡教組組合長から、町民代表として山田小学校の保護者に渡された。この取り組みは、笹岡優さん（町人権共闘議長・町議）によって「現地報告」（『人権と部落問題』2002年7月号）として紹介された。

県内では、全解連が中心になって町づくりをすすめた佐川町と窪川町が特別措置法終了前に「同和対策事業終結宣言」を行ったが、解同中心の地域でこのような取り組みは他になかった。

このたたかいを中心的になって取り組んだ日本共産党と教職員組合には、その成果が反映された。共産党議員団は1998年9月の選挙で3人から5人に増え、香美市になった現在、公認5人・推薦1人の6人の議員団となり、議席占有率は33・3％で県内第一位である。

香美郡教組は2003年から2014年までの12年間、連続して3人を県教組執行委員長に送り出した。宮地崇夫さんが6期、西山潤さんが4期、中根豊作さんが2期つとめた。宮地さんは現在県革新懇の常任代表世話人であり、香美市の政治革新の先頭に立っている。西山さんは笹岡さんと共に市会議員として頑張っている。中根さんは私達の共闘会議の議長として奮闘している。

（4）県政の歪み是正のたたかい

一　県政をゆるがせた闇融資事件

1．元副知事ら幹部が背任罪で実刑判決

２００７年8月27日、最高裁第三小法廷（藤田宙晴裁判長）では、山本卓副知事ら3被告の上告を棄却し、背任罪での実刑が確定した。闇融資事件が表面化してから7年6カ月ぶりであった。山本元副知事が懲役2年2カ月、川村龍象元商工労働部長が懲役1年8カ月、都築弘一元商工政策課長が懲役1年6カ月であった。

かかわった県幹部の責任は問われたが、対象企業は倒産し、貸付金の95％にあたる25億円は回収困難となった。3被告は、融資は産業振興、同和対策の公益目的だった、従業員４００人の企業を倒産させるわけにはいかなかったと主張したが、裁判長は3被告は企業の経営破綻を認識しながら、自己保身などで共謀し、県議会の議決も経ず、十分な担保もないまま１９９６年に合計10億３５０万円、山本・川村両被告は１９９７年にも2億円の県費を融資し、焦げつかせたと断罪した。「公益目的」であるとの被告らの主張は、「自己保身」であると切り捨てられた。

2．経過と背景

同和関係者の就業保障ということで、解同県連竹下義喜委員長が、１９９４年頃、大阪から安原繁氏を連れてきて、県内5カ所に6つの縫製工場を高知ニット協同組合としてスタートさせた。縫製関連企業が人件費の安い海外へ進出していく中で、「同和対策」ならやれると判断したのではないかと思われる。5カ所のうち3カ所の工場は同和地区内に設立され、「就労対策」の位置づけがされていた。本社工場の建設に際して、解同県連幹部が後押しして、同和対策事業として県に資金援助をさせていた。解同県連の竹下委員長について、彼の居住地である中土佐町の同和対策課長は、百条委員会で「知事と同じくらいの影響力があると思っていた」と証言をしている。

高知新聞 The Kochi　2007年(平成19年)8月29日(水曜日)

元副知事ら実刑確定

県闇融資事件

最高裁

表面化から7年6カ月

縫製業の協業組合「モード・アバンセ」の
事件で背任罪に問われ、二審の高松高裁でい
ら元県幹部三人について、最高裁第三小法廷
棄却する決定を出した。懲役二年二月―一年
される。公金融資で公務員の背任罪が確定す
融資した事件は、表面化から七年六カ月を経
った。

県の闇融資問題が表面化した当時の「モード・アバンセ」本社工場（南国市緑ケ丘1丁目、平成12年撮影）

この「協同組合」を母体として、いくつものごまかし、不法を重ねて、「協同組合、モード・アバンセ」（アバンセはフランス語で前進するの意）が、南国市に建設され、1996年7月から操業を開始した。

総工費22億円のうち、14億4000万円（国費9億7000万円、県費4億7000万円）を「地域改善対策高度化資金」から無利子で融資を受けてスタートした。しかし、約束に反して、「高知ニット協同組合」の借金6億5000万が持ち込まれていたため、操業開始から資金繰りが困難となった。銀行が経営に不安を抱いて追加融資を断ったため、県への働きかけが強められた。そして、県は9月にモード社だけを対象にした「平成8年度地域産業高度化支援資金要綱」を作って、10億円を融資した。この予算は、県単独融資が原資である「中小企業制度金融貸付金」からの流用であった。

その後、モード社がまたも倒産の危機に直面すると、「従業員400人の雇用を守る」との名目で、県はさらに「平成9年度パワーアップ融資制度要綱」を作って2億円を追加融資した。この2回の融資は、県議会にも県民にも隠して行われたいわゆる「闇融資」であり、総額は12億350万円にのぼった。

3. 同対事業でなければあり得ない問題点

一般的に税金が投入される事業で、これだけズサンな例はあり得ない。行政は、理屈の通用する相手に対してはへ理屈をこねても押し切る。ところが、声の大きい個人や団体に対しては弱い体質を持っている。同和対策事業では、そこが最大限に利用されたのである。モード社の問題点・ごまかしは次の通りである。

①自己資金20％は見せ金であった。
②「協業化」は、本来別々の企業が一つになることで、一社では対象外であった。
③各工場の負債は持ち込まないとの約束に反し、スタート時に6億5000万円の負債をかかえていた。
④土地の購入費用・建設費用を水増し請求していた。
⑤計画・運営の見通しがきわめてズサンで、財政課や商工政策課から強い反対の声が上がっていたが、それを政治判断として押さえた。

反対した職員は、次のように証言している。「問題が多すぎるので反対したら、課長から『班長ごときが口出しする案件ではない。同対本部長の副知事案件だ』と言われた」とのことである。

解同県連幹部の行政交渉のやり方は、まず、一般論で賛意を引き出す。例えば、同和関係者の就労保障は大事かどうかとたずね、「大事である」と回答を引き出す。そして、それは行政の責務であるとの回答を引き出しておいて、個別交渉の時、それを持ち出し、約束を守るのか、破るのかと追い詰めていくのである。

地元「高知新聞」が、県のメモをもとに、解同県連の交渉の様子を伝えている。

(解)—約束を守るのか守らないのか、よけいなことは言わんでよい。

(県)—要求としては理解できるが、今年・来年では難しい。

(解)—60億円の計画は、仕事保障のためだ。過去300年の差別の期間で日割り計算すれば、たまげた数字ではない。

(県)—時間的に無理である。

(解)—われわれの言っていることは、言いがかりか約束かどちらだ。責任をもって約束を守れ。この次は全部長、知事を含めた交渉とする。


このように攻められれば、担当部長・課長で持ちこたえることは難しく、結局、本来できないこと、やってはならないことに手を出すのである。「無理が通れば道理が引っ込む」の通りである。

4. 県議会での論議—100条委員会の設置

県議会の商工労働委員会で、商工労働部長は「同和対策のモデル事業」「同和対策の雇用保障」を理由に、闇融資を正当化した。共産党の公文豪議員が「なぜ公表しなかったのか」と追及したのに対し、部長は「公表すると信用不安が起こる」と答えた。公文議員が「県の融資制度なら県民に公表し、堂々と融資すべきではないか。どうして信用不安が起こるのか」と追及すると、部長は答弁不能になり審議が中断した。橋本大二郎知事は「おっしゃることに理がある」と認めざるを得なかった。それでも融資分を含む予算案は、共産党の反対のみで採択された。

公文県議は、自由民権運動の研究家である。鋭い勘とねばり強い調査・分析能力を発揮して、ひそかにある調査を行っていた。それは「モード社の土地は、暴力団が所有していたものを通常の3倍で高買いしている」との噂がきっかけであった。当時、南国市にあるというだけで、モード社の住所・地番が明らかにされてない中で、公文議員は、一定のエリアに見当をつけて、土地台帳をつなぎ合わせて、モード社の土地の9割が高知市内の暴力団組長のものであったことを明らかにした。「細分化された切り図をくっつけるのに苦労した。まるでジグソーパズルだった。」と述べている。見当を付けた土地の登記簿謄本を請求し、とうとう突き止めた。

3月23日の総務委員会で、共産党の梶原守光議員（弁護士）が、「土地代として融資した5億円の多くが暴力団に流れている。しかも相場の3倍の高買いである」と告発し、委員会は大騒ぎになった。そして、総務委員会は2つの決定をした。①「今後、議会軽視につながることは絶対にしないこと」という全会一致の決議。その中に「県単融資予算の無条件凍結」も盛り込まれた。②真相究明のため調査権を持ち、虚偽発言は罰則がつく地方自治法第100条にもとづく100条委員会（「特定の協業組合に対する融資問題等調査特別委員会」）が設置された。15人の委員の中に共産党の公文、梶原両議員が入って奮闘した。

闇融資が、議会や監査の目をかいくぐってきたのは、「転がし」と呼ばれるカラクリであった。3月末に融資の全額を戻して、新年度の4月1日に再び貸し出すというやり方である。橋本知事は、就任以来2年8カ月間知らされずにきた。山本氏は「ミスター県庁」と言われ、実力者で同対本部長であったので、すべてが副知事裁定で進められ、知事に決裁が上がることはなかったのである。だから、要求に対して「うん」と言わない部課長に対して、解同が「次は知事をまじえた交渉をやる」と脅したのである。

100条委員会の中に「偽証等告発検討小委員会」が設置され、共産党の梶原議員が委員長に就任し大きな力を発揮した。「高知新聞」は「弁護士の梶原氏がいなかったら今日の成果はなかった」と評し、次のように書いている。

「告発状の準備は弁護士歴三十一年のベテラン共産党の梶原議員が一手に引き受けた。自宅の寝室は資料で埋まり、さながら『倉庫』と化した。書棚に法律書が並ぶ応接間に布団を持ち込み告発状の作成に没頭した。疲れたら眠り、目覚めたら書く。その作業が何日も続いた。」

梶原県議は、この激務で体調を崩し、任期終了で引退した。その後、スポーツジムで体調を整えるなどの努力の結果回復し、弁護士活動に専念し、「高知憲法アクション」（県版市民連合）の代表委員として政治革新の先頭に立っている。

市民オンブズマン高知が知事や副知事など8人を「法令や県規則を無視して、特定の企業の利益をはかった」として高知地検に告発した。それに続いて１００条委員会有志12人が、連名で山本元副知事、川村元商工労働部長、鍋島元企画部長の３人を背任罪で高知地検に告発した。これらの動きがその後の逮捕、起訴へと道を開いたといえる。

5．「高知新聞」が事件究明の連載はじめる

それまで同和関連の出来事には消極的な姿勢だった「高知新聞」が、２００１年6月4日から7月5日まで30回にわたり「黒い陽炎―県やみ融資究明の記録」と題した連載に踏み切った。連載が始まると一カ月間に１００通を超える手紙、電話、メール、ファックスによる県民の怒りと激励の声が寄せられ、関心の高さをうかがわせた。取材班は政治部、社会部の実力記者9人で構成された。その後、裁判記録なども加えて単行本化され、２００１年度の新聞協会賞を受けた。

高知新聞社内には、不正にメスを入れ、歪んだ行政を改めるという気鋭の記者たちが、タブーが解かれて、セキを切ったように活躍する姿が見られた。他方一部幹部の中には、この事件をきっかけに橋本知事を退任に追い込もうという動きもあった。県民世論も二つに分かれた。辞任派は、知らされなかったとはいえ、副知事以下幹部の不祥事は、トップである知事の責任でもあるのでケジメをつけ

るべきだというものであった。擁護派は、県のこうした体質は前任者の中内知事時代にできたものである（中内知事の別件闇融資事件は省略）。改革を断行できるのは橋本氏以外にいないというものであった。橋本知事は、残り任期の29カ月を10％減給で改革断行を表明し続投した。

「高知新聞」の山本邦義編集局長は、本の「あとがき」の中で、被差別部落出身の女性からの電話を紹介し、「報道は差別の助長」との指摘についてふれている。実は、この論理こそがマスコミの「同和タブー」「解同タブー」を作ってきたのではないか。女性の批判は、報道にではなく「解同」の運動スタイル、行政闘争の在り方へ向けられるべきではないだろうか。

6．改革へのスタートと私たちへの評価

人権共闘会議は「報告集会」を開き、梶原守光県議の報告の後、今後の取り組みの方向を論議した。橋本知事との話し合いでは、私たちの指摘や提起が受けとめられた。後日私が、問題点や改革の方向についてまとめた自分のパンフを知事に送ったところ、「お説の通り頑張りたい」との自筆の葉書が届いた。

解同県連は、役員が総辞職し、再建大会を開き新役員を選出した。県は同和対策本部を廃止し、同和対策審議会を解散した。さらに同和団体補助金を全廃した（2000年度解同1845万円、全自同1530万円）。交渉の参加者を15人以内とし、集団での追及を禁じた。県同教への教育センター研修生の派遣を5人から3人に縮小した（私たちの要求は派遣廃止）。

私たちや共産党議員の日常活動に光が当てられ、評価の声が広がった。雨森広志県議（自民党）は、「共産党の指摘を理解してまじめに受けとめておれば、このような問題は起こらなかった。同和問題は、思っていても議会で言える雰囲気でなかった。共産党の勇気と決断は大したものだ」と新聞の取

材で語っている。川村元商工労働部長は、第3回公判の冒頭陳述の結びでこう述べている。「一部党派を除き、議会はどのような対応を講じてきたのか。報道機関はどうであったか。警察、検察は何をしたか。このような長年の責務放棄の集積の結果がこの歪みではないか。」川村氏は、地域改善対策協議会の「意見具申」に向き合ってこなかった県の姿勢も指摘している。

闇融資事件が明らかにした歪みの本質と実態は、大きな教訓と課題を私たちに突きつけたといえる。

二　県費による解同幹部接待の実態

1．「公然の事実」と新聞報道

前項で触れた「高知新聞」の連載記事「黒い陽炎」の28回目に、解同県連A書記長とB書記次長と同和対策関連部署幹部との「飲み食い」が紹介されている。「夜のつき合いは同対事業に関わる部署では『公然の事実』」「飲み食いは『何度か』どころじゃない。ざっと週二回ペースで行われていた」「特にA書記長とのつき合いは突出していたようだ」との県警のある捜査員のことばを伝えている。しかし、その具体的な実態は明らかにされていなかった。

私たち人権共闘会議や市民オンブズマン高知の皆さんも、開示請求や公開質問状で真相解明に取り組んだが、ごく一部が明らかにされただけであった。「食糧費」という費目の中に、解同の年初の「旗びらき」に職員13人が参加して懇親会費が支出されていることが分かった。また、3人での飲食代の支出（おそらくA・B両氏と県幹部）は2店について明らかになったが、それ以上はつかめなかった。人権共闘会議は、県との交渉でこの問題を取り上げた。県の答弁は、「情報収集のため」とのこと。「なぜ会議室でやらないのか」との私たちの追及に、「お酒が入ると本音が聞けますので」との返事。県民の税金を運動団体幹部との飲み食いに使って平然としている姿に、私たちは唖然とした。

2. 同和教育課長による接待の実態

今回、県教組書記局にある人権共闘会議のロッカーの整理を畑山和則事務局長と行っていて、ビニールの袋に入った2冊の大学ノートを見つけた。

1冊は同和教育課の支出記録、もう1冊は店名別の飲食費の支出記録である。領収書もつけられていた。初めて目にするものである。元人権共闘会議議長の窪田充治さん（故人）が誰かから渡されたものだと思うが、これを公表すると誰が渡したか分かるので使えなかったのではないかと思われる。初めて明らかにされる異常な接待の姿である。

ノートは、１９８８年6月から12月までの7カ月間と１９８９年の1年間の支出が記録されている。闇融資事件の7年前のものである。19カ月の間に利用した店は33店（キャバレー、バー、スナック、料理屋など）で、76回使用して合計３６７万７６９０円の税金を使っている。人数は2～3人から多い時は6～7人である。解同県連書記長と書記次長、N同和教育課長の3人と思われるものが目立つ。

特徴的なのは、次の通りである。

①多いときは2～3日に1回の割合で支出されている。１９８８年11月には、4、10、11、14、18、28日の6回で38万２９７０円が使われている。12月は、2、10、16、23、29日の5回で１１３万９２０円が使われている。１９８９年9月は、4、5、13、14、17、22、25、28日の8回で10万４１１０円の支出、10月は、6、9、11、18、19、26、27、28日の8回で27万６０００２円の支出である。

②最も多く利用した店は、１９８９年１年間で26回、36万１４５４円を払っている。
③一晩に2軒のハシゴをしたのが、１９８９年に5回ある。人数は２人か３人である。４月６日２万４２２５円、５月20日１万７６６０円、９月４日２万８１０円、９月25日２万８１０円、９月28日２万５９００円支出している。
④N課長１人で飲み食いしたものが、３回支出されている。感覚がマヒして、公金での飲食に抵抗感のない姿が見られる。

県教委の課長人事は、早い人は3年、遅くとも5～6年で交代するのが通例であった。ところが、N課長は退職までの11年間在職したのである。当時から、解同が使い勝手が良いから交代させないのだろうと話題になっていた。糾弾闘争路線をバックに脅し、たかる解同一部幹部、ひたすらご機嫌をとってへつらう県幹部の実態をノートは記録している。

当時何回もN課長と交渉し、理論的に追いつめて答弁不能にしながら、改善が図られなかったのは、私たちの力不足だけでなく、このような癒着(ゆちゃく)の背景があったのかと改めてふりかえっている。

三　教育センター研修生の県同教への派遣問題

1．研修報告文章の盗作問題

教員が職場を離れて研修する「長期研修制度」（1～2年）がある。１９８９年当時小学校・中学校・高校から24名が研修生として選ばれているが、その中で同和教育を研修テーマとする者が８人（33％）を占めている。他のテーマは、多くて２人で、ほとんどのテーマが１人という中で突出している。その8人のうち教育研究センターで通常の研修をしているのは3人で、他の5人は県同教の事務局に派遣されている。事務局の仕事をすることが同和教育の研修になると県教委は強弁している。

私たちは、議会や交渉で県同教について次の2点を追及してきた。

①県同教は県から456万円の補助を受け、会員制の民間教育研究団体でありながら、解放教育、狭山闘争の推進、部落民宣言推進、解放子ども会活動の学校教育への持ち込みなど偏向した教育を推進している。また、部落解放基本法制定要求運動に参加し、県・政府交渉に代表を送るなど解同と一体の運動団体化している問題。

②長期研修で同和教育をテーマに選んだ者5人を事務局に常駐させ、事務局員として活動に従事させている問題。

まともな研修をしていないことは、次のような事例で明らかである。同和教育をテーマとした県同教派遣の研修生だけが、連名で研修報告文を提出しているが、2人がかりで1年間研修するようなものではなく、2年目の1人は名前だけであることが誰の目にも明らかである。また、他の研修生は全員が研修発表会に参加して発表しているが、県同教派遣の5人のみ「多忙」を理由に参加していないのである。

1989年10月4日の県議会で、まともな研修をしていないとの批判が具体的に明らかにされた。公文豪県議が、県同教派遣の研修生の研修報告文を取り上げた。連名の共同研修にはなっているが、7ページの文章中「はじめに」の15行と「おわり」の11行以外は、県内2つの小学校の研究集録の文章を丸写したものであることを明らかにしたのである。公文県議は名前の出ている学校を訪問し、校長から研究集録を入手して確認したのである。あらかじめ県教育長にも見せて確認をとった上で、「これが2人がかりで行った1年間の研修成果といえるのか」と追及した。西森久米太郎県教育長は、

「事実確認をした。私も事例引用で埋め尽くされているとの感想を持った」と盗作を認め、謝罪した。

実は他にも盗作文章はあった。「解放子ども会」がテーマの研修報告文で、7ページのうち本人が書いたのは「はじめに」の10行と「今後の課題と展望」の8行（展望は書かれていない）だけで、中身は1988年11月に大分市で開催された全同教研究大会の2つのレポート（1つは県内、もう1つは三重県のもの）の丸写しであった。

10月17日に開かれた高知県教組第60回臨時大会で、この問題での批判が相次ぎ、偏向教育推進役の県同教のあり方、研修生の県同教事務局派遣について県教委への是正要求が確認された。県教委は非を認め謝罪し、一定の是正指導に踏み出したが、根本的な改善には至らなかった。

2. 給与の不当支出についての監査請求

1996年3月18日、私は県同教への研修生派遣は不法であり、5人分の給与、旅費合計2890万4721円の支出は不当であるとの監査請求を行った。

問題点の1つは、県教委が作っている「長期研修に関する規則」に違反していることである。「規則」の第2条は「長期研修の区分」として、国内留学と教育センター研修を規定しており、「その他」は存在しない。県教委は、県同教派遣を「規則」にない「所外研修」と称してごまかしているのである。

もう1つは、「規則」が「教育センターにおいて」と研修場所を特定しているのに対して、県教委は、「教育センター所長の管轄下において」と拡大解釈していることである。このような勝手な解釈が通用するなら「規則」による定めは不要である。さらに「服務」については、「規則」第11条が「教育センター又は留学先の教育機関の定めによる」と定めている。県同教事務局は、研修生の「服務」とは無関係である。上司もいないし、出勤簿もないことを県総務課は認めている。

県同教は、この研修生を「事務局員」として位置づけていることを明らかにしている。1994年度総会議案の方針に「組織を拡大、強化します」として、次のように書いている。

「県同教事務局の人員削減と任期短縮の動きは、県同教の活動に支障をきたし、解放教育の推進に少なからず影響しています。従って関係機関にねばり強くその充実を要求していきます。」と「事務局体制拡充の取り組み強化」を求めているのである。

監査委員会の結論は、私の申し立てを却下するものであったが、苦しい言い訳に終始する内容であった。

①県教委の言い訳を無批判に「事実が確認された」と追認している。

②「規則」の拡大解釈を容認するもの。

③「服務」については、「多少変則的」と認めながら「週1回担当の研究部長が県同教に出向き、指導監督・出勤簿の確認を行っている」という県教委の言い訳を是認して、「給与支給の条件を満たしていないとは言えない」と結論づけている。

監査委員のほとんどが県議で、この問題に踏み込むことのできる者はゼロであり、限界であった。私は裁判に訴えたら勝てるという確信があった。しかし、人権共闘会議の役員の中に、消極的な意見もあってやむなく提訴を断念した。多忙になるからとの理由ではないかと思った。

この問題で全面勝訴したのが、全解連福岡県連の植山光朗事務局長をはじめ84人の裁判である。2003年3月25日の福岡地裁判決で、県同教への派遣教員の給与などについて、麻生県知事に1億5万5128円の支払い、県に対しては、知事と小柳教育長に8701万円を支払うよう請求せよと主張したのである。この判決を受けて福岡県教委は、県同教への教員派遣制度を廃止した。

（5）高知市政の歪み是正のたたかい

一　教科書無償要求運動の歪曲

1．高知県における運動の流れ

はじめて県内で動きが起こったのは、1955年の「第一回高知県母と女教師の会」で教科書の無償配布要求を確認したことであった。その年の5月、幡多(はた)郡白田川（現・黒潮町入野）で開かれた「第一回母の日の集い」で幡東教組婦人部と連携して無償運動を高めていくことが確認された。1960年の「第六回四国母と女教師の会高知集会」で、幡多地域の母親が教科書無償配布要求を提案した。参加者の賛同を得て、大会宣言の中に無償配布を求める署名、義務教育費国庫負担をかちとる運動を起こすことが入れられ確認された。そして、1961年に国会請願署名1万4400筆を衆議院・参議院両院に提出した。

1961年2月に高知市教組南区第一回校区教研集会が長浜で開かれた。その教育財政の分科会で、宮本儔(ひとし)さんが発言した。「いくら要求しても効果はない。親が子どもを学校に行かせなかったら法令違反になるが、教科書を買わなくても違反にはならん。憲法26条は義務教育は無償と書いてある。タダで配るようになるまで教科書を買わずに頑張ろう。」と提起。午後の全体会で、満場一致で憲法を暮らしに生かす権利闘争として承認されたのである。

3月7日、地域の7団体を結集して「長浜地区小中学校教科書をタダにする会」が結成される（市教組長浜小分会、同南海中分会、解同長浜支部、南区民主教育を守る会、全日自労長浜分会、子どもを守る婦人の集まり、地区労長浜分会）。

会長に宮本儔氏（当時は洋品店店主、後に全解連県連委員長、日本共産党市議5期）、副会長に武田直房氏、林田芳徳氏（御畳瀬保護者会会長、後に日本共産党県委員長）、事務局に楠瀬信一氏（長浜小学校）、水田精喜氏（南海中学校）、岩松（現・村越）良子氏（解同長浜支部）が選出された。街頭宣伝、ビラ配布、教科書不買署名活動、地区集会、地区子ども集会と短期間に運動は大きく盛り上がった。一週間もたたないうちに2000名の小学校・中学校児童生徒の8割にあたる1600筆の署名が集まったのである。

統一時代の解同長浜支部が結成されたのは1957年である。支部長は武田直房氏、書記長は高知市協書記長の宮本儔氏が兼務した。1961年に高知市長浜で地域ぐるみの教科書無償要求運動が起こる前段に、長浜地区では父母、教師、労働者、民主勢力が結集した運動が取り組まれていた。それは先生に対する勤務評定反対運動であり、平和まつりであり、父母達の学習サークルによる憲法学習であり、教育費の保護者負担反対運動であった。これらの活動が、教科書無償化要求運動の下地となった。

2．交渉での確認を反故にした市教育委員総辞職事件

「教科書をタダにする会」は、3月18日の市教委との交渉で自分たちの要求の正当性を認めさせた。そして、次の3点を確認した。

①校長が混乱を避けるために学校の費用で教科書を買い与えた場合は、その費用を教育委員会が出すことができる。

②運動に協力したり参加する教師を勤務評定や人事異動で不当な扱いをしない。
③教育長が長浜に出向いて地区住民の声を直接聞く。
この確認にもとづいて3月25日に長浜小学校講堂で開かれた教育長との話し合いには、400人が参加した。この場でも地区住民の要求は、義務教育は無償という原則に立つものであることを確認した。そして新学期になって教科書を持っていない子どもがいても、教育委員会にはどの子にも教育を保障する責任があることを認めさせた。そして、4月5日に教科書を買わなかった人数を調査し、買わない者に対しては6日、7日の両日中に教育委員会の責任で無償配布することを約束した。ところが、4月7日の段階で1600人が教科書を買っていないことが分かった。児童生徒の8割に当たる数であった。

市教委は、「予想に反して教科書を買った者が少ないから金額的に無償配布はできない」と通告してきた。教科書不買運動への攻撃や圧力も強められた。「国家コジキ」とか、部落差別を煽(あお)る嫌がらせ、分裂攻撃も強められ、4月10日頃には買わないものは600名程に減った。小中学校の先生達は、ガリ版刷りで手作りの教科書を作って運動を支えた。

高知市議会は、3月18日、憲法26条を引用して、議長名の「義務教育課程の教科書無償配布についての意見書」を満場一致で採択し、総理大臣・大蔵大臣・文部大臣宛に送付した。

しかし4月11日、教育長以下、市教育委員の全員が市長に辞表を提出し、総辞職するという事態が起こった。「声明」で、「憲法の原則から出発したこの問題は一地教委段階では解決の方途を見い出せない」と訴えている。これを受けて氏原市長は「教育行政の責任者がいない」として、今までの約束を白紙に戻すと宣言し、運動は大きな壁にぶつかった。最終的に無償配布の枠を広げ、250人を追加することで妥協した。対象者は前年の5倍になった。1962年には、無償配布申請者848人全員に教科書が渡された。

こうした運動が反映して、1963年の年末に「義務教育諸学校の教科用図書の無償に関する法律」が成立した。こうして教科書無償は実現した。しかし、これは「教科書統制法」と言われる側面を持っていた。それは、教科書の自由な選択を制限し、全県で1つか2つに絞るというものであったのである。

3. 市教委作成ビデオ教材の問題点

2003年に市教委は、「教科書をタダに―証言・高知市長浜の教科書無償運動」というビデオ教材を作成し、市内の小学校、中学校、養護学校、市立高校の57校に配布した。この教材には2つの重大な問題があった。

①宮本儔さん、林田芳徳さんを除外するという反共主義にもとづく排除が行われたこと。

②「解同史観」にもとづき、この運動を部落解放運動の一環と位置づける歴史の歪曲をおこなったこと。

このような歴史の歪曲は、大阪市立大学名誉教授・部落解放研究所理事長の村越末男氏をはじめ、解同幹部のとらえ方にもとづいている。村越夫妻をはじめ、7人の編集委員会がまとめた『教科書無償―高知長浜のたたかい』(解放出版社、1996年)のあとがきには、「長浜の教科書無償要求運動は部落解放運動の原点といえる教育のたたかい」という位置づけがある。また、この本を発行するためのノートとしてまとめられた村越末男氏の小冊子『高知市長浜における教科書無償化の闘い』では、「発火点が被差別部落であり、部落解放運動であり、同和教育運動であった」と書かれている。さらに、大阪市立大学での講義「同和教育論」に関する次のような学生の感想を紹介している。「本日の授業・資料で無償化の運動をはじめて知ったけれども、その始まりが部落解放運動であったというのは驚きである。」

事実はどうか。1961年5月に開かれた解同高知市協議会の第三回定期大会議案は、教科書無償運動を「現在空文化にひとしい憲法第二十六条『義務教育はこれを無償とする』という精神にたち国民の権利獲得をめざす激しい大衆闘争であり、この運動が全市、全県、全国に投げた波紋は非常に大きい。」と総括している。

同じ5月に、県教組機関紙『るねさんす』は教科書無償のたたかいの特集を組んでいる。その中の「座談会―長浜地区の運動をめぐって」では、両副会長の林田芳徳氏、武田直房氏をはじめ、事務局の水田精喜氏、楠瀬信一氏、岩松良子氏や3人の母親、市教組関係者など11人が参加している。岩松氏の「教育出費への不満がたかまっていた。それが最大の原因だとおもうんです。」という発言に対して、武田直房氏は「生活問題はもちろんだけれど、それがただ貧しいからというんでなく、貧困者がコソコソと補助をしていただくというのではなくて、憲法に立って堂々と国民の権利としてもらうべきものはもらうという形を取りたかったのです。」と述べている。当時の関係者の誰一人として「部落解放運動」と結び付けてとらえていた者はいなかったのである。

尾川昌法さん（部落問題研究所）は、長浜の運動の2つの特徴を次のように説明している。1つは共同の力による「地域住民運動の先駆けであった」ということ、2つめは、「地域社会において女性の果たした役割の大きさである。高知県における教科書無償の要求は女教師と母親たちによってはじまり、広範な女性たちの支持を受け、運動として発展した。それは平和な生活の安定と向上を強く求め、憲法を生活の中に生かすことを要求したからである。」（『人権と部落問題』2018年1月号）

4. 人権共闘会議のとりくみ

２００３年８月４日、高知市・森山寿宏教育長との交渉には、宮本さん、林田さんも参加した。宮本さんは、①「タダにする会」の会長であった私に、なぜ連絡がなかったのか、②ビデオの最後のナレーションで「同和問題を解決していく活動や学習の中から提起された」とあるのは事実とちがう。憲法を暮らしに生かす運動としてはじめたもの、部落解放運動としてやったのではない、と主張した。

林田さんは、①副会長が２人いた中で武田さんだけ出て、なぜ私に話がなかったのか。②このような人選では、行政の公正さが疑われる。行政に差別があってはならない。③７団体で取り組んだ幅広い、憲法にもとづく権利闘争、我々の証言をなぜねじ曲げるのかと、提起した。

森山教育長の答弁は、①確かに宮本さんは候補に上がっていたが、健康上のことを聞いたので遠慮した。副会長が２人いた中で、林田さんに声をかけず申し訳なかった。②幅広い団体が参加し、憲法にもとづく要求をしたのはその通りである。その中で差別を受けてきた人たちが参加し、先頭に立ったことも事実。だからナレーションはまちがっていない、というものであった。

９月市議会では、日本共産党の下元博司議員（県人権連事務局次長、人権共闘会議事務局員）が質問に立った。森山教育長は、答弁を変えて次のように答えた。①「憲法を守り、守らせる運動であった」という点は、当時の皆さんと同じ認識である。②「提起」の意味について私たちは、「厳しい生活実態が運動に広がりを見せた」と認識している。③各団体の代表という形では取材を行っていない。

市教委の破綻と論理矛盾は明白になった。常識的に考えて、当時の運動を証言してもらうなら運動の提唱者であり、責任者であった宮本さんを除外することはありえない。また、「提起」の意味は、「広がりを見せた」というに至ってはナンセンスである。

さらに、人権共闘会議は次のようにとりくみを展開した。

①両面のビラでビデオ教材の不当性・問題点、森山教育長答弁の矛盾を明らかにし、市内の学校現場、市役所、県庁前で職員向けに配布を行った。
②人権連は宮本さんへの聞き取り（１９９６年）の内容と、林田さんの書き下ろし文章、資料をパンフレット『長浜の教科書無償運動の真実―歴史の真実を歪める高知市教委をただす』にして発行した。
③人権共闘会議として、市内57校の校長に、ビデオ教材の問題点を指摘した手紙を送付した。後日の調査でビデオ使用校はゼロであった。
市教委はビデオを作り直すことはしなかったが、2つの修正的な動きを見せた。
①県教育センターで同和教育を研修している研修生に、宮本さんからの聞き取りをさせた。私に連絡があり、宮本さんの了解をもらって、私も一緒に2時間話を聞いた。宮本さんの謙虚な紳士的な態度に感銘を受けた。
②宮本さんのお孫さんが在席している長浜小学校の6年生が、宮本さんを招いて教科書無償運動の話しを聞いた。宮本さんの話に感動し興味をもった子ども達は、教科書無償要求運動を自分達で劇にして発表することを計画した。役づくりのために、後日宮本さんにインタビューを行い、当時の父母、住民の思いや活動に参加した宮本さんの気持ち、「タダにする会」が7団体に広がった状況などをくわしく聞きとった。
全校生徒児童・教職員を前に子ども達は迫真の演技で当時のたたかいを再現し、大きな感動を広げた。6年生18人全員が、自分達の思いと宮本さんへの感謝の文章を届けた。当時宮本さんから「子ども達にこんなものをもらった」と文章のコピーをいただいたが、今回読み直してすこしも色あせることなく、子ども達の思いが伝わってくる。

A君は次のように書いている。「この前はインタビューさせてくれてありがとうございました。おかげで教科書無償までの苦労などが分かりました。また、話はくわしく長い時間話していただき、それからの勉強にすごく役立ちました。これからぼくは自分の意見をはっきり言って、まちがっていることをつきとめる大人になりたいと思いました。」

宮本ひとしさんの役を演じたB君は、「ぼくは劇でひとしさんの役をやらせていただきました。ぼくはひとしさんになりきり精一ぱいやりました。劇はうまくいきました。」と書いている。C君は、「ぼくは宮本ひとしさんのことを教科書無償運動の神様と思います。宮本ひとしさんのような本当にすばらしい人は久しぶりにお会いしました。」と書いた。

お孫さんのY君も「おじいちゃんから聞いた様々な話のおかげでぼく達の学習はかなり発展し、最終発表会も大成功をおさめました。この学習が終わっても家で個人的に当時の様々な運動についてより深く教えてください。これからも元気で尊敬できるおじいちゃんのままでいてください。」

男子のものを紹介したが、女子もほとんど同じような内容であった。子ども達が生きた学習をして瞳を輝かせている様子が伝わってくる。共通してふれられているのは次の4点である。

①劇が成功し評価されたことへの喜びと自信。
②宮本さんの人柄、生き方への共感。「おかしいことはおかしいと言える人間になりたい」との思い。
③地元でこのような運動があったことへの驚きと誇り。
④これから教科書をもっと大切に使いたい。また、有償になったら今度は自分たちでたたかいたい。子ども達には忖度はないし、大切なことはちゃんと伝わるということをこの実践は示している。

2023年の統一地方選挙で、高知市議会議員を勇退した下元博司議員の後任に、宮本儔さんの息

市議会議員選挙の時の宮本さん

子さん（三男）である直樹氏が市職員を辞めて立候補し、当選した。宮本儔さんが切り拓いた革新の議席を、米田稔さん、下元博司さんとつなぎ、31年目に直樹氏が継承した。直樹氏は、現在人権共闘会議の事務局員も担当している。

直樹氏は、市議会での最初の質問で教科書無償運動を取り上げ、市長と教育長の認識をたずねた。岡崎誠也市長は、「歴史に残る大運動であり、先人に敬意を表したい」、松下整教育長は「全国に誇れる運動として学校で語り継ぐ意義がある」と答えた。

二　中学生の言動の「差別事象」化を中止させる

1.「高知県人権尊重の社会づくり条例」の問題点

1998年3月に県が作った「高知県人権尊重の社会づくり条例」には問題点が多く、私たちは反対した。その理由は次のようなものであった。

①人権のとらえ方が差別問題に矮小化されている。

②「県民の責務」として、「県又は市町村が実施する施策に協力するものとする」とあるのは、憲

法の内心の自由の侵害である。県民には行政施策を批判したり、従わない自由と権利がある。
③「人権に関する実態」の公表が、「人権意識の高揚を図る」とはいえず、差別でないものまで差別とし、問題解決の現状認識を阻害することになる。
県内のほとんどの自治体でも、これと同じ内容の条例が作られた。県議会では日本共産党の米田稔県議が反対し、高知市議会では7人の市議団を代表して下本文雄市議団長が反対し、土佐市議会では村上信夫市議が反対討論を行ったが、いずれの自治体でも賛成多数で成立した。

作っただけで終わっている自治体が多いが、この条例によって問題になった点がある。

2．「人権に関する実態」の公表の問題点

県の「人権尊重の社会づくり条例」第2条（県の責務）の第2項に、「知事は人権意識の高揚を図るため、県内における人権に関する実態について定期的に公表するものとする」があり、これにもとづいて『高知県の人権について』という50ページ前後のまとめが毎年発行されている。まとめは、次の11課題についてである。

同和問題、女性、子ども、高齢者、障害者、HIV感染者、外国人、犯罪被害者等、インターネットによる人権侵害、災害と人権、その他の人権課題（刑を終えて出所した人、ハラスメント問題）。

さらに同和問題だけは、別に「差別事象一覧表」が作られ、その中に中学生の言動がカウントされていた。たとえば、2012年から2015年の4年間を見ると、全体に占める割合が、2012年62・5％、2013年47・1％、2014年47・6％、2015年44・4％となっている。1年間の県の「差別事象」（多い時で17件、少ない時は8件）の4割以上を中学生の言動が占めているのである。

県人権課が「差別事象一覧表」に集約している内容は、発言、落書き、書簡、表記、インターネッ

トであるが、具体的な人権侵害や部落差別と断定できるものは一件もない。「部落差別につながるおそれ」とか「部落差別を助長する可能性」といったものや、誰が何の目的で書いたか不明の落書き、中学生の言動などである。

私たちは、義務教育段階にある中学生の言動を差別事象とすることは誤りであると是正のため数年にわたってねばり強く取り組んできた。

3．中学生の言動を「差別事象」とする問題点

私たちが県教委人権教育課、県人権課、高知市人権同和・男女共同参画課、人権・子ども支援課に対して、主張してきたのは次の点である。

①このような扱いをすることは教育の条理に反する。子どもたちは、間違ったりつまづいたりしながら成長していくものである。間違いを許さないということになれば、教育は成り立たなくなる。

②「事件化」することは教育の場になじまない。学校では、子どもの言動を事件化すべきではない。

③１９８７年に「地域改善対策室」が出した「地域改善対策啓発推進指針」の中でも、「児童・生徒の差別発言」について次のように指摘している。「学校教育において留意すべきことは、同和教育の過程においてすらいわゆる差別発言事件が起きることがあるが、その対処方法を確立することである。児童・生徒の差別発言は、先生から注意を与え皆が間違いを正し合うことで十分である。」

④高知市議会では共産党の林昭子（てるこ）議員の質問に対して、松原和廣教育長は、賤称語が使われる理由を「先生の指導に反発して使われることと、友達間で相手をやっつけるために使われている。」と答弁している。

⑤教えるから使うのであり、しかも差別の意図をもって使われたケースは一件もない。「授業以外に使ってはいけない」と言って教えるのは、生徒にとって迷惑な話であり、教師の勝手な言い分にすぎない。使ったら「事件」（事象）とするなら、教えるなということである。

4．県教委・市教委の言い分と矛盾

県教委人権教育課も高知市人権同和・男女共同参画課も、生徒の言動の差別事象化について、次のような説明をして、なかなか改めようとはしなかった。

①そのことで心を痛め傷つく人がいることを考えると賤称語の持つ意味は大きい。

②具体的な差別でなくとも、部落差別を助長したり、偏見を広げることになる。

私たちは、高知市教委から県の人権教育課に報告があがり、県の人権教育課が知事部局の人権課に報告し、「概要」が「差別事象一覧表」に載るという流れの中で、どこが「差別事象」であると判断しているのかを追及した。人権課も人権教育課も自分たちでは判断していない、上がってきたものは全部「差別事象」として扱っている、概要としてまとめるのは人権課がやっているということが分かった。そこで市教委の中に矛盾が生まれてきた。

今までは私たちに、「県教委との教育課題の共有」を目的として報告を上げていると説明してきたのである。差別かどうかの判断を自分たちはしていないかのような態度であった。「差別事象一覧表」のための報告ということを隠しておきたかったからである。もう一つ市教委がごまかしたのは、ほぼ強制的に学校から報告を上げさせているのに「任意」ということで強制性を隠したことである。

しかし、やましいことがあるとどこかにそれが現れてくるものである。市の担当課との話し合いの席上、私が「県教委への報告文書のコピーまたは原本はあるか」と質問した。女性課長は、「報告後、破棄しているのでない」と答えた。「教育課題の共有」のためと言っているものが、報告がすんだら手元に文書がないというのはおかしいと直感した。

5. 開示請求のとりくみで追い込む

私は、高知市の情報公開条例にもとづいて、2017年1月、該当文書についての開示請求に取り組んだ。課長答弁の通りなら、「文書不存在」となるはずが、「非開示」の通知が届いた。そこで私は、不服審査会に対して「非開示」は不当であるとの審査請求を行った。

行政情報は、市民共通の財産であり、基本的に開示が前提である。「見せられないことが書かれている」というのは、行政情報としての適格性を欠くもので、「非開示」の理由にはならない。それが通用するなら、ほとんどの行政文書が開示できなくなる、というのが私の主張であった。

市教委の「非開示」理由は、ウソと言い訳に満ちた不当なものであった。生徒の賤称語を使った言動があった場合、高知市内の学校は、同じ形式で市教委に報告している。それをごまかして、「任意の報告や相談がなされた場合、その内容や対応を記録したもの」と説明している。

「公開しないという規定や取り決めは特にない」と言いながら、次のような口実を上げて「非公開」を正当化している。

①市民への公開を前提としてない。
②個人の権利利益を害するおそれがある。
③生育歴や家庭生活の様子が含まれている。
④他の情報と照合することにより特定の個人を識別することが可能。
⑤学校からの情報が得られにくくなる。

市教委の「非開示」理由は、矛盾に満ちたものである。「公開しないという取り決めはない」のに、なぜ「学校からの情報が得られなくなる」のか。「公開を前提としていない」は、公文書は開示が基本という開示請求への認識の不足、「おそれ」とか「可能性」とか起こりえない事態を想定して、「タラ」「レバ」論で正当化しようとしているなどの問題がある。

審査会は、２０１８年9月、市教委の主張に一部同意して、黒塗りの部分開示を「諮問通知」した。「答申」の中で注目されるのは、「答申に際して付する意見」という項目を設けて、市教委の姿勢を次のように批判したことである。

「本県行政情報を不存在と回答したことについて」ということで、市教委は「紙文書としては保存していないため文書不存在として回答してきたものである。今回、電磁的記録として文書の存在を確認した。」と弁明をしている。このことについて、「処分庁（注：市教委）が『話し合いの席上』において、本件行政情報を不存在とした審査請求人への対応は、極めて不適切であったとの指摘を免れ得ない。市民が、行政情報を不存在とすることに対して存在するという立証をすることは至極困難なことであり、実施機関は、市民対応において行政情報の特定に極力努めるべきである。今後の実施機関の適切な対応が望まれる。」

この結果を受け人権共闘会議と高知市教育長は話し合いをもち、教育長は私たちに謝罪した。ただし、課長が「破棄したので文書がない」とウソを言ったことは認めず、電磁的記録が開示対象文書であることへの課長の勉強不足であったとの釈明であった。私は質問の時、「コピー又は原本」という言い方をしており、「紙文書」だけをたずねたのではない。パソコンの中に資料として残されていることは、誰でも予想がつくことである。

また、部分開示によって、私が「報告書の書式があるのではないか」と質問したのに対して、課長が「ない」と答えたこともウソであることが明らかになった。私は言いたいことはあったが、「生徒の言動」の扱いで市教委にゆさぶりをかけ、矛盾を明らかにしたことに手応えを感じたので、それ以上追及はしなかった。

6．生徒の言動の「差別事象」扱いを中止させた二つの追及

一つは、毎年出版されている部落解放・人権政策確立要求中央実行委員会編『全国のあいつぐ差別事件』（解放出版社）という本の記述についてである。その中に「教育現場における差別事件」というのがあって、高知県の中学生の発言が紹介されている。県が発表している「差別事象一覧表」の概要が、「解同県連調べ」として紹介されている。年によっては高知県の紹介だけの時もある。しかも、高知市の中学校だけである。

市教委交渉で、横田寿生教育長にこのことを伝えて、「あなた方は『教育課題の共有』と言って県へ報告しているが、結局こうやって解同にまだ差別はこれだけあるという宣伝に利用されているだけではないか」と追及した。横田教育長は、私の持っていた本を「検討したいから貸してくれないか」と言ってきたので貸した。私たちは手応えを感じて交渉を終えた。

二つめは、最後の詰めとして、四国の県庁所在地である徳島市・高松市・松山市が生徒の言動を「差別事象」として扱っているかどうか確認して伝えてほしいと提起したことである。

高知市と同様の扱いをしていないとすれば、高知市教委の対応が異常であり、非教育的であることが証明されるのではないかと提起した。結果は、どこの市も「差別事象」扱いはしていないことが明らかとなり、高知市教委の長年にわたる異常対応が終結を迎えることになった。ねばり強い長いたたかいであった。

２０２１年10月に開かれた「令和３年度第１回高知市人権尊重のまちづくり審議会」の議事録によると、審議委員10人、事務局９人が参加して会議がもたれているが、その中である委員がこんな発言をしている。事務局の報告文書を見て、「差別事象がこんなに少ないはずはない。」「差別事件というのは敏感に受け取る心がけをもっていれば何件も出てくる。こんなに少ないはずはない。」「高知市の人口30万人だとするなら、５年間10件・20件あってもおかしくない。差別事象に鈍感であってはいけないと思う。」

４割から多いときは６割を占めていた中学生の言動の「差別事象」扱いがなくなったことと、問題解決に向かって大きく前進していることが反映している。他にも「差別事象があった時はマスコミに報告して取り上げてもらえ」という意見も出されているが、事務局は「個別の差別事象に関してマスコミに情報提供することは難しい」と答えている。

市民を差別意識の持ち主と決めつけている人たちは、「差別が見えにくくなっている」と主張しているが、そのような思惑を超えて部落差別解消は大きく前進している。

三　「同和」にしがみつく異常

１．「特別措置法」終結後も「同和」施策

２００２年４月は、新しい時代を迎える大きな節目となった。33年間、３度にわたり制定された特別措置法に基づく特別対策が終了したのである。最後の特別措置法である「地域改善対策特定事業に係る国の財政上の特別措置に関する法律」が失効し、同和地区・同和関係者を対象とする特別対策は

終了となり、一般行政のみとなったのである。法的・制度的に同和地区も同和関係者も存在しなくなった新しい時代を迎えたのである。

3月20日に「同和関係特別対策の終了に伴う総務大臣談話」が発表された。その中で「今後は、これまで特別対策の対象とされた地域においても他の地域と同様に必要とされる施策を適宜適切に実施していくことになります。」と一般行政への移行を打ち出したのである。

県庁をはじめ、県下の各自治体の課の名称から「同和」の用語は消え、教育の分野でも人権教育となったのである。しかしそうした中で、高知市のみ「人権・同和課」（後に課の再編成で、男女共同参画が入る）を名乗ったのである。聞くところによると担当の職員たちは「人権課」でいくと決めていたそうだが、上の方から「人権だけでは何をする課か分からないので、同和を入れるように」と指示があったそうである。

法的・制度的に無くなった「同和」を使うことは、特別措置法失効の趣旨に反するものであるし、人権と同和を並列する考え方もまちがっていると私たちが抗議したが、残念ながら「法」失効後21年間、現在も改められていない。

２０２３年、県人権共闘会議として、高知市長宛にいくつかの問題点について話し合いの申し入れを行った。就任以来、市長が話し合いの場に出てきたことは一度もない。担当課長から文書回答にしてほしいという申し入れがあり、2回目の回答文書を8月に受け取った。2点だけ紹介したい。

①市が「一定の配慮が必要な住民」というのは、何を根拠として認定しているのかとの質問に対して、一回目の回答は、１９９６年の総括部会報告書をあげてきた。再質問で「２００２年に特別措置法が終了して一般行政に移行しているのに、それ以前の同和対策事業時代の文書を根拠とするのはおかしい」と指摘したら、今度は、２０１６年の「部落差別の解消の推進に関する法律」（「部落差別

解消推進法」）を持ち出してきている。しかし、この「部落差別解消推進法」は、「同和」の消滅が前提の法律であるので、「一定の配慮が必要な住民」を判断する根拠にならないのは当然である。

②「人権同和」という課名の中にある「同和」の根拠をたずねたのに対しても、「部落差別解消推進法」をあげて、「同法の部落差別とは『同和問題に関する差別』をいうとの理解を前提とするのが相当であり」と説明している。「人権同和」と命名したのは2002年のことである。無知なのか、不真面目なのか驚くべき回答である。部落差別を同和差別に勝手に読みかえる認識にもあきれるばかりである。近く話し合いに応じるよう申し入れているところである。

高知市は、こうした認識のもとで、「同和対策関連施策」なるものを続けている。「事業」内容は6項目にわたっている。

①組織・機構（人権施策推進本部、人権研修推進員、人権同和・男女共同参画課、人権・子ども支援課）
②就労対策
③施設活用・運営（市民会館事業、児童館・集会所の運営、大型作業所）
④補助金・負担金（県隣保館連絡協議会負担金、県市町村じんけん行政連絡協議会負担金、人権教育研究協議会補助金）
⑤研修・啓発（人権教育指導管理事業、社会人権教育推進事業、人権・同和問題啓発事業、広報あるいまち「人権シリーズ」）
⑥その他（地域改善向け住宅の入居者募集、地区改良事業等により建設された地区集会所の管理）。

高知市は、これらの6事業16項目の取り組みについて、「高知市人権施策推進本部」で3年ごとに「見直し」を行い、現在に至っている。人権施策のすべてが、「同和対策関連施策」として位置づけられているのが、高知市の異常な実態である。

「見直し整理表」というのがあるが、そこでの「用語の定義」として次のように説明されている。

「見直し」とは、「既存事業を見直し、新たな位置付け内容で実施する」

「継続」とは、「既存事業をほぼ同様に継続する」

「廃止」とは、「制度等を廃止する」

現在までに廃止1件のみ、大型作業所の施設が老朽化したため2015年にすべての作業所を廃止し、売却したもの。「見直し」は「新たな位置付け内容で実施する」のであるから、すべてが継続となるのである。

「人権施策推進本部」による3年ごとの見直しの報告文書は、A4判10頁前後のものであるが、その中の文章に「地域」という表現が出てくる。読めば明らかに「同和地区」を指していることが分かる。次のようなものである。「地域においては、所得や年金の状況、生活保護率といった面において、未だ全市的なそれら数値と比較すると、格差となって表れている。」「地域の状況は、全市と比較すると所得等の経済面が低位となっており、格差を表す数値となっている。」

高知市の幹部職員たちは、平然と線引き行政を継続しているのである。このような捉え方は、特別措置法時代からあり、私たちは交渉で問題点を提起してきたところである。同和地区の改良住宅に住んでいる人々は、低年金の高齢者が多く、後でふれるように地域外の住民の入居を排除してきたため、平均収入が低くなるのは当然である。また、仮に市内を東西南北に分けて調査しても、収入などが一致することはありえない。

なお、このやり取りの中で、どうやって全市と「地域」の住民の収入などの比較をしているのか追及すると、同和地区の人びとを「世帯票」に集約して分類していることがわかり、大きな問題となった。「市民会館の鍵のかかる金庫で厳重に保管している」と見当ちがいの答弁をしていたが、市議会で下元博司議員の追及に「重大な人権侵害にあたると判断したので、廃棄処分にした」と答弁している。しかし、「全市と比較する」などと平気で書いているので住民の特定を続けている疑いがある。

2．公営住宅の二重募集を中止させる

最後の「特別措置法」が終結し、同和対策事業が終了したことを受けて、それまでの一般市営住宅と改良住宅の二本立て募集をやめて、公営住宅募集の一本化が２００３年４月からはかられた。入居方法も、市営住宅の抽選方式に統一した（改良住宅は選考方式をとっていた）。ところが、これが解同市協の森田益子議長の横ヤリで、元通りに戻されたのである。

（１）都市整備部（現・都市建設部）が文書に残した変更の経過

日付も部署名もないＡ４一枚のコピー文書がある。内容を見ると都市整備部の誰かが、２００６年10月頃に覚え書きとしてまとめたものであることが分かる。「改良住宅への入居要望及び入居者決定方法の変更について」と題して、「概要」ということで経過がまとめられている。

「平成18年（２００６年）7月下旬、市協（解同市協）から『自宅を競売により失った者が住宅に困っているので、改良住宅に入居させてほしい』という要請があった。公募によらない入居は市営住宅条例によって認められないとの説明をした。しかしながら、入居選考方法の見直しをすべきとの主張により合意に至らず、幾度かの協議、交渉ののち、山下助役から入居を認める旨回答した。」

文書は、それに至る経過も次のように記している。「見直しに当たっては、具体的な選考方法や実態調査に伴う事務量の増加、場合によっては募集回数あるいは募集戸数の見直しなど、検討を要する課題が少なくないため、都市整備部としては、早くても平成19年度からの実施が精一杯であると判断

し、協議、交渉に当たる山下助役との打ち合わせにおいてもこの点は確認してきたところであるが、この協議の過程において、実施時期の確認が十分でなかったことから、市協との齟齬(そご)を生じることとなった。」

そこで10月3日に人権施策推進本部の会議を開き、10月から旧来の選考方法に変更することになった。理由は「地域の厳しい実情に配慮し、当面の間一定の措置を講ずる」というものである。これは、解同独特のねじ込みである。正攻法では適用しないと分かると二つの理由でゴリ押しをするのである。

①改良住宅は同和地区住民のため作られたもの。それが困っている人（同和地区住民）が利用できないのはおかしい。

②ちょっとした不十分さ・曖昧(あいまい)さにつけ込んで、ゆさぶりをかける。言う通りにしないと「差別行政」ということで大勢が押しかけることを匂わせて屈服させる、というやり方である。

(2) 交渉や協議で追及、監査人からも意見書が出される。

人権共闘会議は、市営住宅の募集一本化に戻すための交渉を行った。市の住宅条例第4条は、募集にあたっては二つ以上の方法をとらなければならないと定めている。これに反しているのではないかと追及した。市側は、「市民会館だより」（旧同和地区の住人対象）に載せているのと、市民会館に募集の貼り紙を出しているのでクリアしているとの答弁であった。市営住宅の募集は、全市民が対象であるという大前提からはずれたもので、多くの市民には知らされなかった。

市議会では、共産党の下元博司議員が、解同市協の要求によって変更させられたことを示す都市整備部内の経過文書も取り上げて、不当性を追及し、是正を求めた。下元議員の求めに応じて市側が出した「市営住宅の一般向と旧地域改善向における過去5年間の応募倍率比較一覧」によると、一般向の入居倍率が11・28倍なのに対して、旧地域改善向は1・82倍であった。空き部屋があっても入れないこと、垣根を越えた交流を阻害していることなど、違法対応の問題点があった。

２０２０年度「包括外部監査結果報告書」をまとめた監査人の中橋紅美弁護士は、「市営住宅に係る事務の執行について」と題して、次のような意見を市長に提起した。「両住宅においては歴史的背景や現状に違いがあることは否定しないが、かかる点に留意しつつも、行政の公平、円滑な執行の観点から、両住宅の募集、入居手続きに違いを設ける必要があるのか検討されたい。」

（3）二重募集は是正したが、「選考」は残されている。

２０２３年からやっと募集は一本化されることになった。改めるのに17年もかかったのである。しかし、市営住宅が抽選方式であるのに対して、改良住宅の選考方式はそのままになっており、今後の課題である。

２０２３年、私たちは市長宛に出した申し入れ書の中で、改良住宅の呼称をやめ市営住宅に一本化することを求めた。市の回答は、条例上はどちらも市営住宅であると認めながら、「整備された根拠法が異なるため、建設費とその後の改修等工事費の財源となる国費上の区分が違うこと」を理由にあげている。それが本当だとしても、内部で調整すればよいことで、住宅の呼称を使い分ける必要はない。条例通り「市営住宅」でよいのである。高知市にとって一般行政に移行しきれていない実態であるといえる。

(6) 司法が断罪した解同の教育介入―人権侵害事件

一 一ツ橋小学校教育介入・人権侵害事件

1. 事件の発端

1988年1月20日朝、高知市立一ツ橋小学校北門扉外側に黒マジックで「おしんエタしね」の落書きがあるのを6年生の児童が見つけ、担任の教諭に報告した。全教職員が確認した後、ガムテープで隠した。学校周辺を調べたが他にはなかった。職員会議で、落書きは児童によるものとは思えないということになり、高知市教育委員会（市教委）に報告した。このことは、発見した児童と教職員、市教委の一部しか知らないはずなのに、落書きの犯人は問題にはならなかったことを知り、次の日の朝までに、追加の落書きをして念押ししようとした。

21日朝、学校の周辺道路の電柱、公衆電話ボックス、近くの公園など7カ所に、「エタせんこうのヒステリー」「えたせんこうしね」「エタ死ね」の新しい落書きが、児童・教職員によって発見された。犯人は「ヒステリー」という言葉を使って「女先生」を暗示してきたのである。

職員会議は、筆跡と書かれた位置の高さから児童によるものではないと判断し、学校としては差別事件として取り扱いはしないことを確認した。市教委に連絡したら、市教委関係者と解同市協事務局員合わせて10人位が調査に来て、写真を撮って帰った。児童・教職員の間では、誰が何の目的でこんな嫌がらせをするのだろうかという話がされた。

小笠原政子先生は、この年度で退職の予定で希望通り6年生への担任持ち上がりになり、子どもたちにひとつでも多くのよい思い出を残し、卒業させたいと張り切っていた。夫の荘一氏は、市教委の同和教育課長に任命されたばかりであった。

4月20日、3回目の落書きを6年生の児童が発見した。学校の外壁2カ所と北側道路の電柱1カ所に「一ツばしエタ先生のヒステリー」という言葉が、切り抜き文字を使い、茶色のスプレーペンキで吹きつけられていた。犯人は、偶然かどうか1回目と同じ20日を選び、筆跡が話題になったことを知っていて切り抜き文字で筆跡を隠し、学校と関係づけるために「一ツばし」をつけ加えるという手のこんだことをしていた。通りがかりに市民がやれることではない。特定の意図を持った落書きであることは明白であった。教頭が市教委と解同市協に連絡し、双方が現場確認に来た（差別事件があったときは、学校が市教委と解同に連絡するということが慣習化されていた）。

2. 解同による「部落民宣言」の強要

解同市協（森田益子議長）は、20日に市教委へ調査を申し入れる。解同文書（解同メモ）は次のように書いている。「1月20日にも一ツ橋小学校周辺に7ケ所同一内容の差別落書きがあったので（注…見つかったのは21日）、一ツ橋小学校に、被差別部落出身の女教師がいるのでは、と推察し、心配して調査するよう申し入れた。」「21日市教委より、この差別落書きは個人をさして書いたものではなく、一ツ橋小学校全体を指したものであると職員会議で確認。したがって地区出身者は、いないとの報告を受ける。」

このような報告を受けて解同市協の中尾副議長と藤沢事務局長が、「別の用務で」と言っているが、同和教育課を訪問している。そして、本当に地区出身者はおらんのかとたずねている。そこで小笠原課長から「一ツ橋小には、自分の妻を含め2名の該当者がいるらしい。（しかし）この落書きは、個人に対するものではなく学校全体にかけられた攻撃と学校が受けとめている」との報告がなされるとの内容が解同メモに記されている（後にもう一人の先生は地区出身者でないと訂正される）。

そこですかさず解同市協は、21日に市教委に次のような申し入れをした。「我々は『地区出身者がいるとするなら、相次ぐこのような連続の差別落書きで、自ら名乗る事もできず、おびえて苦しんでいることだろう。すみやかに、適切な指導の手をさし述（ママ）べるべきだ。』と市教委に申し入れをした。」（解同メモ）

小笠原さんは「既に学校・市教委の報告で『おびえ苦しんでいる特定の人物』などいないことが知らされているのに、『解同』はどうしてこのようにしつっこく申し入れたのでしょう。『適切な指導の手』とは、具体的に何をさせようとしたのでしょう。私はあまりのわざとらしさに呆れるばかりでした。」（『真実から逃げることなく』部落問題研究所）と述べている。

小笠原さんは、森田益子解同市協議長への手紙の中で、「私は落書きそのものが貴女達の考えに同調しない私に対する仕返しとしてデッチ上げられたものと当初から思っております。」と書いた。私たち人権共闘会議も分析の結果、次のような理由で解同によるものと結論を下した。

①政子さんは一ツ橋小学校に赴任して10カ月目であり、地元から反感をかったり、いやがらせをされる理由がないこと。

②政子さんは自分を「部落民」などと自覚しておらず、そのことを話題にしたこともなく、ごく一部の者しか生い立ちを知る者はいないこと。

③差別落書きがあった場合、誰が書いたのかが話題になるはずなのに、解同一部幹部は当初から被

害者にしか興味を示していないこと。しかも、最初の申し入れが「名乗ることもできず」と「宣言」を話題にしていること。

④従来「差別落書き」があった場合、解同は行政・教育の対応が不十分であるからと責任を追及してきたが、今回はひたすら被害者が「名乗る」ことにこだわっていること。

⑤4月から11月までの間は、政子さんが一人で対応し、この問題が公になっていないのに、4回目の落書きが無かったのは、犯人側が目的が達成されたことを知っているということ。

⑥後に裁判になって、森田益子議長は法廷で、犯人の意図を「夫は名乗り妻は名乗っていないことへのいやがらせではないかと思う。」と述べている。そうであるならますます犯人は一般市民ではなく、夫婦間の実情を知っている市教委、解同市協のごく一部の者、しかも「名乗る」ことを求めている者ということになるのである。

「落書きは部落民宣言を私にさせようとする解同の仕業」と地裁で主張する小笠原さんに対し、地裁で敗訴した森田益子氏は高松高裁に名誉毀損で小笠原さんを反訴した。これに対して高松高裁判決は「以上認定の一連の事実経過の下において、そのような疑いを抱くことは一般にあり得ることであり、原告がそう疑ったことは無理からぬところと考えられること」と小笠原さんの「疑い」を肯定し、森田氏の訴えを棄却した。

3. 森田益子氏の異常な主張

解同メモには、森田氏の次のような考えが紹介されている。森田氏が個人としてどのような考え方を持つかは自由である。しかし、他人の生き方を指図する権利はない。また人権遵守をかかげる団体の責任者として、基本的人権を踏みにじる言動は許されない。

「①部落民と結婚し、二人の間に子供を産むということは、差別を受ける側の仲間入りをしたことであり、当然、自分自身の課題として、同和教育に取り組み、解放運動に取り組んでほしい。
②勿論、宣言するのは本人でなければならない。出身者としてこれからの人生を、差別を否定し、憎む解放の観点で豊かに生きるのか、旧態以前(ママ)と差別を肯定し残す立場で世を忍んで生きるのか、自らが選ぶべきである。
③自分が、部落出身であることを、自覚しようとも、しなくとも、差別されるのであり、自覚しない人生、すなわち未解放の人間の苦悩を浮きぼりにした。
④自分が部落出身者であることを胸を張って名のれない理由はどこにあるのか。(イ) 差別の厳しさを知りすぎるほど知っている為、(ロ)部落に生まれた事、血を引いていることに対する卑屈 観(ママ) 等が推測される。差別から逃げることは、裏がえしたら、差別を認め何時の間にやら差別者の側に立っていることになる。」

この時代遅れの排外主義、血筋論にもとづく考えを成澤榮壽さんは次のように批判している。「彼女(政子さん)は差別を絶対に肯定していないし、世を忍んで逃げてもいなければ、卑屈感をもってもいない。彼女の苦悩は『解同』その他の人権侵害によってつくりだされたものであり、未解放の所為にするのはすりかえである。日本国憲法13条は『すべての国民は、個人として尊重される』と明記している。『解同』は基本的人権を、一体、何と心得ているのか。」(「『部落民宣言』ということ」高知市部落問題研究会発行、1989年)

同和教育課の木村課長補佐は、職務通り小笠原課長を補佐するのではなく、解同市協の事務所に頻繁(ひんぱん)に出入りし、森田氏の発言をメモして(木村メモ)課長や一ツ橋小学校の梅本校長に伝えることをしていた。小笠原さんに「部落民宣言」をさせて、小笠原さんを中心に同和教育(解放教育)をすすめて欲しいと要請したのである。学校長は板挟みとなり、重圧に耐え切れず8月に辞職をした。

小笠原さんの夫・荘一氏は、9月から同和教育課長を解任され、教頭のいない山間の小さな学校の校長を命ぜられ、単身赴任した。

4．小笠原さんが解同市協と森田氏を提訴

11月まで小笠原さんは、解決をめざして一人で取り組んでいた。その間、市教委の森田毅教育長や横山龍雄市長に手紙で訴え、見解も求めてきたが、思うような返事は得られなかった。小笠原さんは抗議も含めて横山市長と解同市協森田益子議長に不法行為に対する損害賠償金200万円を連帯して払えという手紙を出したが、両者からは拒否の返事が届いた。

思い余った小笠原さんは、組合の職場分会の代表と共に所属する高知市教組を11月15日に訪問した。説明を聞いたU書記長は、「事の善し悪しは言いやせん。解同が怒っちゅうがどうしますか。何のつもりで200万円請求したがかぞね」とどなりつけて、解同べったりの姿を示した。その足で県教組へ行き、門脇委員長、石元書記長に報告し、重大な人権侵害であり組織をあげて闘うと激励され、地獄と天国の違いを感じたと後に感想を述べている。

県教組、全解連、日本共産党などが参加している県人権共闘会議が全面的な支援を開始し、ビラ配布や報告集会、決起集会に取り組んだ。

解同の無法、不当を訴える小笠原さんにハラを立てた森田益子氏は、小笠原さんの夫・荘一同和教育課長から聞いた政子さんの出自・生い立ちを7項目に書いて市内の校長会・教頭会のメンバーに配った。さらに小笠原さんと教育長・市長や森田氏との手紙のやり取りなど13通の文書を県教委、高知新聞社（政子さんの娘婿が勤務）、婿の実家、一ツ橋小学校の全教職員に送るという暴挙に出た。

1989年7月18日、小笠原さんは高知地裁に森田益子氏を人権侵害で提訴した。夫・荘一氏は、必要なら法廷で解同の介入・強要を証言すると言っていたが、心労と一人暮らしが影響したのか体調を崩し、勝利判決を見ることなく、1990年1月に58歳で亡くなられた。15回の口頭弁論を経て1992年3月30日、勝利判決を勝ち取った。森田被告が控訴し、6回の口頭弁論を経て、1994年8月8日、高松高裁でも勝訴した。裁判は最高裁まで持ち越され、1997年3月14日、8年目に最高裁で勝訴が確定した。

判決は、①解同の意向を受けて市教委が執拗ともいえる宣言強要の働きかけをした、②森田氏がバラまいた文書はプライバシー権の侵害である、として人権侵害を認め、60万円の損害賠償金の支払いを命じた。

5．人権共闘会議の取り組み

私たちは裁判闘争を支えるため1989年9月21日に「小笠原政子さんの人権を守り公正裁判を求める会」（守る会）を結成して、幅広い人々へ運動を広げた。小笠原さんも県内はもとより全国各地で訴えた。

最高裁までの8年間に全国的な支援を得て、公正裁判を求める個人署名4万2000筆、団体署名1100筆、裁判官への手紙は4000通が寄せられた。主任弁護士の山原和生さんは、勝利判決集会で「特に印象に残ったことは、どんな裁判でも中だるみがあるものですが、この訴訟は中だるみがなかったということです」と話した。

森田益子氏は反省していないが、私たちは、この闘いの意義を次のように考えている。

①「解放教育」の担い手づくりの「部落民宣言」が断罪された。

②行政が主体性を失い運動団体に追随すれば、教育も人権も侵害されることが明らかになった。
③落書きが意図的に行われ、それを解同が利用する実態が明らかになった。
④親が部落出身であっても自分はその自覚も認識もないと言う小笠原さんの姿は、国民融合による部落問題解決の姿を具体的に示すものとなった。

私は、県教組の小笠原裁判闘争本部の責任者と県人権共闘会議の事務局長としてこの裁判にかかわった。最高裁判決までの10年のたたかいがあっという間だったような充実した日々であった。

１９９８年3月「勝利判決一周年集会」が開かれ、このたたかいに参加した人々のメッセージや思い出が『花を育てた十年―一ツ橋裁判勝利の記録』と題したパンフレットにまとめられた。その中で私はこのたたかいをふり返って次のように書いた。「たぶん私も含めて『守る会』に結集した一人一人が原告の気持ちで、政子さんを原告団長としてたたかったのだと思います。この裁判闘争であらためて人間の尊厳を教えられ、人権と民主主義を学び、部落問題解決の具体的な姿を知ることができました。私たちにとってこの裁判は、まさに人権と民主主義の『学校』だったと思います。」

二　朝倉中・澤谷校長過労死裁判の勝利

1．裁判に至る経過と判決の特徴

高知市立朝倉中学校の澤谷楠實校長は、昇任10カ月後の１９９０年1月20日、解離性大静脈瘤破裂で急死した。同じ義務制の教員であった妻の寿美さんは、１９９２年5月20日、地方公務員災害補償基金高知支部（支部長は橋本大二郎知事）に労災申請を出した。

高知新聞 The Kochi　2002年(平成14年)6月22日(土曜日)　(日刊)

朝倉中校長は過労死

高知地裁判決

疲労蓄積 公務に起因

校長で初の司法認定

平成二年、高知市の朝倉中学校長だった沢谷楠實さん＝当時(五九)＝が在職中に死亡したのは公務災害だとして、妻の寿美さん(六九)＝同市一宮＝が地方公務員災害補償基金県支部(支部長・橋本大二郎知事)を相手に、公務外災害とした同支部の認定を取り消すよう求めた訴訟の判決が二十一日、高知地裁で言い渡された。亀田広美裁判長は「公務起因性が認められる」と同支部の処分取り消しを命じ、原告勝訴となった。司法の場で学校長の過労死が認定されたのは全国で初めて。

(30面に関連記事)

判決によると、沢谷さんは昭和五十年に朝倉中に赴任後、継続して同校に勤務。六十二年から教頭、平成元年四月から校長を務めた。二年一月二十日、自宅で発作を起こし、解離性大動脈瘤(りゅう)破裂により同市内の病院で死亡した。

同校では元年九月から生徒や卒業生の非行、教諭の失跡、同和問題への対応を問われる事件が発生。一人で解決を模索すべき状況に追い込まれ、死亡直前まで疲労の蓄積も相当なものだった。

しかも死亡前日は、部落解放同盟高知市連絡協議会の対高知市交渉があり、その中で朝倉中教諭の言動への同校の対応などが非難の対象とされ、確認会や糾弾会の開催、同盟休校も辞さないとの強硬姿勢が打ち出され、校長としていかんともし難い状況だった。こうした極度の緊張や興奮のため血圧が上昇し、元年十二月ごろ初期症状の出ていた大動脈瘤に過度の圧力が加わって死亡したもので、公務起因性が認められる。

被告側は基礎疾患が自然的経過で悪化したと主張するが、高血圧症や動脈硬化などの基礎疾患があったとは認められない――としている。

地方公務員災害補償基金本部(東京都千代田区)によると、学校長の過労死の認定を求める訴

高知新聞
発行所 高知新聞社
高知市本町3丁目2-15
088-822-2111〒780-8572
© 高知新聞社 2002

きょうの紙面
道路公団民営化委 委
人間国宝 一
金大統領
洋酒製造
鈴木議員

１９９５年６月１日、「高知支部」は、寿美さんへの事情聴取もなく請求を却下した。そのため寿美さんは、８月10日地方公務員災害補償基金審査会に審査請求を行った。１９９７年９月25日、ふたたび請求は棄却されたため、10月20日中央審査会（東京）に再審査の請求を行ったが、１９９８年５月20日にこれも棄却された。

そこで寿美さんは、高知法律事務所の谷脇和仁弁護士に相談し、９月25日高知地裁に提訴した。谷脇弁護士が同和問題、過労死問題に精通していたからである。勝てる可能性は少ないということで始まった裁判は、19回の口頭弁論を経て、４年後の２００２年６月21日に画期的な勝利判決を勝ち取ったのである。

寿美さんは提訴に至った思いを次のように述べている。「私が行政訴訟に踏み切ったのは、公務災害認定を求めた上申書に対して、県の災害補償基金が『公務外』とした棄却書が私を憤りの頂点に突き上げたからでした。解同役員の新任教頭が『同和問題、非行問題等すべて自分

が対処、善処してきた。校長は通常の業務以外は何もしなかった。過労やアクシデントは何も無かった。』との偽りの証言のみを取り上げ、また夫の主治医の『直前の肉体的、精神的極度のストレスが急激な血圧上昇を招き死亡の原因となった。』との診断書も一顧だにせず、生前の夫を一度も診たこともない基金のお抱え医師の『もともと基礎疾患のあったところへ、自然経過的な加齢によって疾病をひき起こした』という全くでたらめな診断書をもとに『公務外』と認定してきたからでした。」

この提訴について、一連の問題の張本人である解同市協議長の森田益子氏は、「共産党シンパの奥さんが私に対して大喧嘩をしかけました」と語っている。

勝利判決を勝ち取った寿美さんは、「夫が逝って12年、この長い道のりで私を支えてきたものは恨みではなく、解同の無法とその言いなりになる行政への怒りでした。私は『もういやだ、苦しい』と思ったことは一度もなく、むしろ心が満ち足りていて楽しいとさえ思える日々でした」と語っている。それは、勝利判決の日、全解連の村崎勝利副委員長が言った「運動の大義や人間の尊厳のきらめきをおぼえた」という感想に通じるものであった。

主任弁護士の谷脇さんは、「判決文はまるで私の書面を引用しているかのような内容になっています。100％こちらの主張が認められています。3つ4つあった過労の原因の中で同和問題に判決文の行数が半分以上をふれています」と述べ、解同の教育介入・圧力が過労死の原因となったことを裁判所が認めたものであると指摘した。現職校長が亡くなり、公務災害として認定されたのは史上初の画期的なものとなった。

2．特別な困難をかかえていた中学校

朝倉中学校が当時県内でも特別の困難校といわれたのは、次の3つの事情からであった。

①生徒の非行、荒れ、卒業生が在校生を連れ出してタバコ、飲酒、シンナー、夜間侵入などがくり返された。
②解同市協による教育介入、学校や教師への何回もの糾弾行動である。生徒の賤称語発言や教員のちょっとしたミスなどを取り上げ、すべて「差別性のあらわれ」と攻撃するのである。校区に複数の同和地区があり、森田益子氏やその他「市協」の幹部も居住している解同の拠点であった。
③このような解同のやり方に批判的であったり、「真相報告学習会」という名の糾弾会に参加しない教員は不当異動で追い出されるという学校であり、発言や批判の自由が奪われていたのである。

1975年、澤谷楠寛先生は、県西南部の土佐清水市より朝倉中学校に赴任した。その年の6月12日、PTA役員の批判的な発言を「差別発言」だとして、解同市協は300人を動員して直接関係のない教職員を糾弾した。教職員24人が参加した（参加率88％）。次は7月14日、生徒の発言を理由に解同は200人を動員して糾弾した。教職員の参加は14人（参加率51％）であったため、不参加の教員は「差別教師」であると攻撃をエスカレートさせた。この時、澤谷先生も不参加であった。教職員支配を強めたい解同は、9月に3回目の糾弾会をもったが、出席教職員は11人（参加率40％）と減少した。

1976年になっても、1月19日に生徒の作文を「差別作文」として、「真相報告学習会」という名の教職員糾弾を行った。教職員14人が参加した。作文の問題より攻撃は不参加の教職員に向けられ、「差別性」が厳しく批判された。そして、人事異動で不参加の教師は追い出せと人事にまで介入してきた。1月30日、全教職員を集めることのみが目的の糾弾会が開かれたが、参加者は14人のみであった。この一連の学校介入、教師糾弾のリーダーが森田益子氏であった。

4月、解同の圧力に屈した校長、市教委、県教委は、不参加の県教組組合員7人のうち6人を不当配転した。残ったのは赴任1年目の澤谷先生であった。この時から15年間、澤谷先生は非行問題に向き合い、解同の圧力に抵抗しながら頑張って校長に昇任したが、わずか10カ月で倒れ、59歳で帰らぬ人となったのである。

3．過労死に繋がる出来事

澤谷先生が校長に昇任した1989年の教員構成を見ると、20代、30代の先生が75％を占める若い集団であったことがわかる。生徒指導の先生はいたが、卒業生を知らないため、問題行動のあるたびに澤谷校長に夜間でも呼び出しがかかってきた。澤谷先生は生徒の名前を覚えていて、名前を呼んで話しかけるとおとなしくなるということがたびたびあった。また新任の教頭が車にもバイクにも乗らず、自宅が学校から遠かったため、非常時に対応するのはすべて澤谷校長であった。

そのことは、後に森田益子氏が自分の半生の歩みを綴った本の中で、次のように書いて「証明」している。「当時中学校は大変荒れていましたから、本来なら私らを証人に立てて、確かに過酷な人員配置だったということを証明したらよかったと思います」「○教頭は車の運転をしなかったので機動性がありませんでした。私は○さんに『あなたは少しは反省をしい』と怒りました。『僕が十分教頭としての任務をよう果さなかったので、過酷な労働になって残業していた』と奥さんを助ける証言をしてほしいと頼んだことでした。」自分の責任を棚上げして他人事のように言っているが、教頭が役に立たなかったことは認めている。

実はこの教頭は、解同市協の執行委員で、後に副議長になった人物である。職場の先生たちは、この教頭が来てから職員会や職場の話が解同に漏(も)れることが多くなったと語っている。

9月にはM教諭の失踪事件もあり、校長は奔走せざるを得なかった。しかし、判決でも認められたように、澤谷校長を追い込み、苦しめた最大の要因は解同の学校介入、教師糾弾である。些細な、しかも保護者との間で解決済みの問題を解同はむし返して、学校や教師の「差別性」を追及していたが、本当の狙いは解同に批判的なT先生の排除であった。

当時の朝倉中学校教職員38人の中で、50代はT先生を含めて4人しかいなかった。T先生は1年生のホーム担任であると共に、1年の学年主任として若い先生たちのリーダーの役割を果たしていた。

解同が問題にしたのは、次の3つの出来事である。

①T先生が学級通信にワークブック代未納者10人の名前を書いて納入を促した。その中に同和地区の生徒がおり、母親が同和教育主任に抗議をしてきた。T先生はその母親と話し合って、配慮が足りなかったと謝り母親も納得していた。その問題をむし返した。

②進路の説明会で、T先生が、関心とやる気がないと長続きしないとの観点から、ラーメン屋の経営者になる人がいてもいいし、音楽家になる人が出るかもしれないと発言したことを、差別的発言だと取り上げた。

③遠足の行き先が休園日であり、急拠行き先を変更した。その途中事前に禁止を伝えていた菓子をバスの中で食べ、あき袋を窓から捨てる行為が見られたので、菓子を取り上げ、後日児童施設に寄付した。このことで同和地区の母親が、生活が苦しい中でどんな思いで菓子を買って持たせたかと訴え、教師集団の「差別性」として批判された。

日を変え、場所を変えて何回も「報告学習会」という名の糾弾会がくり返された。森田益子氏の狙いはT先生の排除であった。校長への圧力も強まり、職務命令で糾弾会へ出席させよと要求した。

中学校の職員会が、次の3点を確認したことを伝えた。

「①朝倉中の教職員は差別者集団ではない。②3件については差別事件ではない。③校内の問題に運動団体は介入してほしくない。これは意見を聞かないということではない。」

森田益子氏は、「共産党の言い分ですよ、介入というのは。あの人（T先生）が真の共産主義者なら、この場へ出てきて謝るべきだ」と激高した。

朝倉中学校と校区の2つの小学校との3校PTA同和教育学習会の席で、小学校の若い同和教育主任が、T先生に対して「教師以前の人としての資質の問題」という批判を行った。後日中学校の職員会でT先生が、「あの発言は見過ごすことができない。校長が抗議をすべき」と提案し、承認された。

森田氏はPTA関係者ではないのに、こうした会に参加して批判の先頭に立っていることを「ここ（地域）に生えた人なので、当然ここの教育に口を出す権利がある」とこじつけていた。

1990年1月19日、解同市協の対市交渉があり、朝倉中学校問題が取り上げられ、「T先生を転出させよ。そうでなければ糾弾会・同盟休校も辞さない」と脅された。○教頭は当初、解同側に座っていたが、朝倉中学校問題になってあわてて市側の席に移ったとのことであった。市教委は、校長の責任でリーダーシップをとって問題解決に取り組むと回答して、その場を収めた。

次の日、3校PTA同和学習会があり、参加した澤谷校長は吊し上げられた。体調が悪いと懇親会を欠席し、その晩10時前に急死した。日付のある教務日誌に澤谷校長は、主な行事やその日の心境をメモしていた。○○さんが来校して怒られる。眠れない。頭痛がする、市協に呼ばれ批判された、やめたいなどの言葉が増えてきていた。追い込まれていた状況がわかる。

4. 画期的判決を勝ち取った力

谷脇弁護士は、勝利を勝ち取った要因について次の4点をあげている。
①原告の無念を晴らしたいとの執念の強さ。

②「支援をする会」を中心に結集した民主団体の運動の力。
③全国の支援と連帯、励ましの力。
④2つの追い風があったこと。一つは過労死認定の基準緩和、もう一つは、県内外での解同裁判の全面勝利の経験。

寿美さんは、県内外の全教、全解連、国民融合、部落問題研究集会などで積極的に訴えた。県人権共闘会議は、「澤谷先生の公務災害認定を支援する会」を結成し、議長の窪田充治さんが会長、原淳さんが事務局長を担当し、私も役員として参加した。公正裁判を要請する署名1万6250筆、裁判長への手紙1300通が県内外から寄せられた。

ふり返って、私はもう1つの力をつけ加えたい。それは、問題に精通し熟達した力を発揮した谷脇弁護士の存在である。谷脇さんでなければ勝てなかったといっても過言ではないと思っている。

澤谷校長の死後、保護者有志の「転出させないで」の署名提出にもかかわらず、T先生は市外に配転され、その後朝倉中学校は9年間に5人の校長が交代するという事態が続いた。

(7) 黒潮町政の歪み是正のたたかい

一 教育・行政で当たり前が通用しない町

黒潮町は、大方町と佐賀町が合併して2006年3月20日からスタートした。佐賀はカツオの一本釣りの町として有名だし、大方は入野の浜が砂丘美術館とかTシャツアート展やサーフィンで有名で、人々が訪れる開かれた町である。

その中で同和問題・人権行政だけは旧態依然の状況で、他では見られない歪みが残されてきた。その背景には、佐賀も大方も解同の活動が活発で、行政や教育が強い影響を受けてきたことがある。その歪みに敢然と立ち向かってきたのが、日本共産党の宮地葉子町議である。宮地議員は、合併一年前に大方町議に初当選し、誰も発言しない同和問題、人権問題、解同路線批判を毎議会続けてきた。非常にねばり強く、研究熱心である。

町議会には解同大方支部長が議員としており、執行部に活を入れている。大方にはかつて全解連の会員がおり、役員の竹下芙佐雄氏が町議をしていて、ブレーキ役を果たしていたが、活動が見られなくなり、竹下氏が議員を辞めると、解同の要求が地域の要求という状態になり、佐賀も大方も当たり前が通用しない地域になっていた。

二　「泊まり合い研修会」の中止を要求

宮地町議が最初に取り組んだのが、「泊まり合い研修」の問題点の指摘と中止の要求であった。

「泊まり合い研修」の経緯について、「実施要項」は次のように説明している。「１９７２年、浮津の婦人会と万行婦人会の交換交流会が浮津公民館と万行寺で開催され、ひざをつき合わせ、肌の触れあう中で両地区の女性が交流を深めました。この交流会をきっかけに、１９７４年８月、高知県で最初の『婦人泊まり合い同和教育研修会』が大方町で始まりました。そして翌年には佐賀町で始まり、同和教育における先駆的な取り組みとして高い評価を受け県内各地に広がりました。」

私は１９７０年代中頃から同和教育主任をしたが、大方、佐賀以外でやっていたという話を聞いたことがなかったし、佐賀も合併前には止めていた。「高い評価」は解同県連内部の話ではないかと思われる。

町と町教育委員会主催のこの「研修会」は、沢山の問題点があり、町民に不評であった。中止を求めて宮地議員が取り上げた問題点は、次のような点であった。

①一般町民の参加を「地区内」と「地区外」に分けて集約していた。地区内外の交流を目的にスタートしたため、特別措置法が終結して「同和地区」が消滅した中で、区分けを続けるという問題があった。

また、一般町民の参加が少ないため、教員、町職員などを半ば割り当て的に集めて実施していた。２０１１年12月議会の宮地議員の質問に対して、担当の住民課長は「参加者は54人、内訳は町職員、教員など41人、一般住民の内地区内7人、地区外３人となっている。住民は属地属人主義で分けている。地区外から入って来た人、地区外へ出た人も被差別地区の人になる」との珍回答をしている。

一般町民は全体の18％しかなく、住民の交流という目的を失っている。しかも、参加者の中には15人前後の運営委員（教員や職員）が入っている。課長の「属地属人」のとらえ方は間違っており、宮地議員が「そうすると誰の子かということが判断になってくるのではないか」と質問したら、「そうです」と平然と答えている。

②「実施要項」の研修プログラムの中に夕食交流会という懇親会が入っており、その上各部屋での話し合いの様子が次の日の報告項目に入っていた。

宮地議員が、「これは時間外勤務に当たるのではないか。学校の先生の時間外勤務は法令で、校外実習、修学旅行、職員会議、非常災害の場合に限定されており、法令違反ではないか」と追及した。坂本勝教育長は「泊まって交流会に参加しなさいという命令になると条例違反になるが、ぜひ参加してくださいという要請である」と珍答弁。松本住民課長は「決して夜の会の参加をプログラムの中で求めているものではございません」と答弁した。

痛いところを突かれて、しどろもどろの答弁をし、挙げ句の果てには「交流会は実行委員会でやっている」などとごまかした。夕食を兼ねているのに「自由参加」はあり得ないし、それならそもそも宿泊する必要もないわけで矛盾が明らかとなった。

③町民に最も不評であったのは、自由な発言ができる場でないということであった。部落問題と自分の関わりや部落解放のために自分はどうするかということを全員が発言させられるのである。混住や融合結婚がすすみ、部落問題が日常的課題でなくなっている現状にふれることはないのである。

④この「研修会」に町費が70万円以上使われているが、その会計報告が極めてズサンなのである。宮地議員が入手した資料には、明らかなごまかしもある。宿毛市の国民宿舎「椰子」を会場にしているが、副町長は町のバスで行くのでバス代は要らないと答えている。しかし、会計文書にはバス代も6万円余があり、しかも参加者には正規の旅費を支出している。研修生が一人6886円で、なぜか運営委員は一人1万444円になっている。副町長が支出していると答弁した一日1000円の日当の記入もない。宿泊費の支出も交流会の費用もまったく記入されていない。参加者から印をついてもらって、各人には支払いをせず、運営委員がプールした金で飲み食いなどに使用しているのである。

宮地議員が、10人の一般町民参加のため70万円以上の町費を使う「研修会」を中止せよと要求したのは町民にとって当然の要求である。しかし、町はこの声に背を向けて、参加者の確保のため、2011年から「女性」の名称を省き、「黒潮町泊まり合い人権教育研修会」と名称を変えて、男性の参加も募集することになった。その理由を「あらゆる分野での男女共同参画社会の実現」とこじつけたのである。

コロナの影響で中断していたこともきっかけとなって、この「泊まり合い研修会」は中止となり、2023年から「人権教育啓発ワークショップヒューマンライツ・カフェ」の名称となり、町内で一日の会として実施された。2023年は参加者の協議によって、「子どもの人権」について活発な話し合いを行っている。10年以上に及ぶ宮地議員の執念の成果である。

三　「解放子ども会」の問題点

2011年に佐賀の住民(祖父)から、県全解連に告発の手紙が匿名で届いた。西村導郎書記長が県人権共闘会議の役員会に提起し、実態調査と町長・教育長交渉に取り組むことを決めた。手紙には、小学生のお孫さんの状況が書かれ、切実な思いが述べられていた。「長い時間解放の勉強をしている。日本じゃなく北朝鮮みたいな地区になっているように思います。違う意見もあることを教えてやってもらいたいです。洗脳いうのに近いがではないでしょうか。先生いうもんはそこまでしてもかまんがでしょうか。だんだん心が刃物のような考えに近づいていく子どもらを見ていたたまれなくなり書きました。何とかしてくれや、先生らはなにしよら。」

4月13日に人権共闘会議は、実態把握のため先生方への聞き取りを行った。議長の私と原淳副議長、畑山和則事務局長が出かけた。私と原氏は教員ＯＢで、畑山氏は現職教員であった。佐賀中学校と二つの小学校の先生に参加してもらい、幡多教職員組合の書記長も同席した。

「解放子ども会」と学校の関わりや教員参加の様子を聞き、資料も提供していただいた。聞き取りと資料収集によって、次のような実態が明らかになった。町内には佐賀と大方に「解放子ども会」があること、佐賀の「解放子ども会」は、小学校低学年部が毎週月曜日の4時から5時30分まで、年間36回実施、小学校高学年部が毎週金曜日5時から6時30分まで、年間44回、中学校部が毎週木曜日7時30分から9時まで、年間45回実施。大方は、小学校低学年部が、毎週火曜日4時30分から5時30分まで、年間30回。小学校高学年部が、毎週金曜日4時30分から5時30分まで、年間33回。中学校部が毎週火曜日7時から8時まで、年間29回実施となっていた。「目標」として、「あらゆる差別に対して怒りを持ち、なくすために進んで行動できる子どもを育てる」とあり、「活動目的」には、「部落差別に対して憤りを持ち、解放のため進んで行動できる子どもを育てる」とある。「解放の戦士づくり」が目的であることがうかがえるし、「怒り」や「憤り」が強調されることは、排外的・排他的な感情を植えつける問題点も考えられた。

町はＮＰＯ法人（解同が作った組織）に１１２４万円余の委託金を出して、児童館での「解放子ども会」の運営をまかせている。そこに学校の先生が輪番制のような形で参加し、１回１２００円の謝金をもらっていることが分かった。佐賀小学校の人権総合学習は、全学年で年間69時間になり、「解放子ども会」が学習の中心になっている。そして「解放子ども会」と他の子ども会とのちがいや、解放祭りと他の町内の祭りとのちがいなど、「ちがい」を強調する内容となっている。そこには部落問題を民族問題と同列視する誤った考え方が見られる。また「解放子ども会」の保護者と教員の懇談会が小学校・中学校それぞれすべての先生が参加して行われている。そこでは全員の先生に発言が求められ、発言を保留する一部の先生以外は、全員「解放子ども会」や部落問題への考えを発表させられている。これはいわば踏み絵のようなもので、異論が出せる状況ではない。こうやって先生方は追い込まれて、「自主的」と称して、ローテーションで「解放子ども会」へ参加させられるのである。ある先生は、片道一時間かけて一度家に帰り、夕食の支度をして「解放子ども会」に参加している。

県人権共闘会議は4月27日、大西町長、坂本教育長と話し合いを持ち、問題点を指摘した。町側は事実は認めたが、認識の違いだと突っぱねた。大方では、10月28日に新婦人（新日本婦人の会）のみなさんが、学習会を開き、私と全解連の西村書記長が参加し問題提起した。

町議会では、宮地議員が２０１１年12月議会から２０１２年6月議会まで、「泊まり合い研修」や「解放子ども会」指導での教員の時間外勤務の問題点を連続して追及した。坂本教育長は、当初認識不足のため、一般公務員と教育公務員の法令上の違いが分からず、「上司である教育長が必要と認める業務は時間外でも参加してもらっている。条例より上位法である地公法（地方公務員法）で対応している。」と答弁していた。宮地議員の重ねての追及に「子ども会の趣旨に賛同していただいて自主的にローテーションを組んで参加」と答弁を変えた。

議事録を送ってもらって、人権共闘会議の役員会の了承を得て、私は総務委員をしていた教員出身の吉良富彦県議（日本共産党）に相談した。吉良県議は、２０１２年6月の県議会総務委員会でこの問題を取り上げた。県教委の見解を聞くと共に県下の実態調査も要求した。後日、彼末教職員福利課長から見解と調査結果が届いた。その内容は次の通りである。

①「泊まり合い研修」も、「子ども会」参加も時間外勤務にあたるので是正指導する。

②「解放子ども会」（単に地名などをつけた○○子ども会もあり）実施自治体は14、うち教員が参加しているのは12自治体、そのうち時間内が8自治体、時間外が4自治体、謝金を出しているのが7自治体。

③謝金は給与の二重取りになるので是正指導する。

これを受けて宮地議員は、さらに追及した。坂本教育長は、県から指導があったことを認め、時間内から出かけて謝金をもらうのは問題だと認め、それ以外謝金については「教特法」（教育公務員特例法）17条の兼務発令をすればよかった、手続き上の問題があったとの答弁をした。そして、年度初めに全教員に「兼職願い」を出させるという対応に出た。しかし、これには3つの矛盾があった。

①自主的な参加なら兼務発令には当たらないこと

②子どもの学習などの指導は、通常の業務の延長線上のもので、「教特法」17条がいう「他の職」や「他の事業」ではないこと

③兼職発令をしても8時間を越える勤務は認められないこと

県教委の全県調査で思わぬ反応があったのは高知市であった。教員の子ども会参加をやめ、大学生や教員ＯＢが担当することにした。また、「解放」を省いて「子ども会」に名称を変えた。

宮地議員のねばり強い追及にかかわらず、黒潮町がなかなか改善しないのは、執行部の認識不足と解同の強い影響の結果である。２０２３年4月から、水野さちさんが当選し、日本共産党は２人会派となった。人権行政、教育への宮地議員の追及はまだまだ続く。

（8）部落問題をめぐる逆行と迷走

一　問題解決に逆行し、阻害する行政対応

高知県が5年間ごとに集計している「人権に関する実態」の最新版が、２０２３年11月に発表され

た。「同和問題に関する差別事象の受付状況」をみると、「発言」が5年間で4件、「落書き」が2件である。それに対して「インターネットの書き込み」が4年間で246件となっている。

「発言」や「落書き」の状況を考えれば、現在部落問題は日常的課題でなくなっていることが分かる。インターネットの書き込みでは、在日朝鮮人やアイヌの人たち、あるいは生活保護受給者や日本の侵略戦争に対する否定や従軍慰安婦問題の否定などの歴史修正主義者が横行している。これらは、ネット右翼と称される特定の人々や自己責任論、生活困難、政治不信、人権後進国といわれる現状を反映した不満や八つ当たり、弱者攻撃のあらわれであり、一般国民の差別性の現れとはいえない。また、賤称語が使われたケースでも、相手に反発したり、やっつけるために使われたものがほとんどで、「部落差別」とはいえないものである。

ところが行政は、部落問題が日常的課題でなくなっている前進面には目を向けない。さらに解決の展望や筋道にふれることもない。ひたすら部落差別が残っていること、教育・啓発を強化することしか提起しないのである。自治体に「どこが同和地区か」という問い合わせがあったことを部落差別の事例に挙げながら、「人権意識調査」では、設問に「同和地区」や「同和地区出身者」という言葉を平気で使い続けている。私たちの指摘に対して、県の担当者は「確かに法的には同和地区はなくなった。しかし、県民意識の経年変化を分析していくために必要」などと居直るのである。

黒潮町では、フィールドワークと称して毎年町内の小学5年生が、旧同和地区に出かけている。「地域の歴史と産業の学習」というテーマをかかげて、旧同和地区の歴史や解放運動、素潜り漁の話を老人や解同支部長で町議をしているO氏から聞くのである。

宮地葉子議員が「なぜ毎年、特定の地域にのみ出かけるのか」と追及したため、町教育委員会は老人施設と障害者施設も訪問するようになった。

宮地議員が「同和地区や同和地区の人は現在存在しない」と追及すると、教育長は「差別解消推進法が部落差別があることを認めた。そうすると差別される地域や人が存在するということである。高齢者の問題や障害者の問題を学ぶために施設を訪問するのと同じように、部落問題を学ぶために差別されている地域へ行って学ぶのである」と答弁している。高齢者や障害者と同様に被差別者の集団が存在しているという驚くべき発想である。

このような論法でいくと、賤称語が使われたら、その名前で呼ばれる人々が住んでいるということになる。行政の誤った判断と対応が、問題解決に逆行し、阻害要因となっている。

二 「こだわり」の逆転現象

以前は地区外の人の「こだわり」が垣根を作り、差別意識につながっていた。ところが「こだわり」がうすれていく中で、解同や解放子ども会の影響のもと、同和地区出身者といわれる人々が、自らのルーツに強い「こだわり」をもつ現象が現れてきた。２０２２年3月15日の「朝日新聞」デジタル記事に「部落解放子ども会が支えた自分のルーツ」の見出しで、玉置太郎記者の記事が掲載されている。大阪のある男子高校生の話である。

「以前、彼女ができた時、自分が被差別部落出身だと打ち明けた。彼女は『そんなん関係ないやん』と言った。自分を思って言ってくれた言葉だが、ずっと考え続けてきたルーツについて、『関係ない』の一言で済まされることにわだかまりが残った。」

一般的に自分や他人のルーツについて関心や「こだわり」が薄れてきている中で、こういう心情を持つ高校生の存在に私は誤った運動の影響を感じざるを得ない。「解放子ども会」がルーツへの自覚と誇りを植えつけているとしたら、時代錯誤であると思う。

黒潮町では2019年に「差別落書事件」が問題になった。2月6日、大方中学校2年生の音楽の時間に、「解放子ども会」に参加しているA君が、自分が座っている机に書かれた「落書き」を見つけた。コンパスの先で書かれたような細い線で「部羅苦精子」と書かれており、A君は「俺へのあてつけかよ」と問題提起した。音楽担当の先生が校長室に報告に行き、校長・教頭が確認し、ただちに「差別落書」と判断し、解同大方支部長に報告した。次に町教育委員会（町教委）に報告した。校長の言い分は、「言葉は意味不明だが、A君が傷ついているので差別落書である」というものだった。

ところが次の日、同じクラスのB子さんが、「この落書は自分が入学した時からあった。机を斜めにしないと見えない状態で意味不明だったので、そのままにしていた」と証言したのである。

このことでA君に対する嫌がらせではないことは明らかになったのに、校長は方針を変えなかった。そして、「A君は解放子ども会で学習してきたので、人権感覚が養われている」とA君を評価し、問題提起をしてくれてありがとうと感謝の言葉を述べている。

B子さんの感覚が普通であると思われるが、校長の判断ではB子さんが人権学習の不足で問題に気づかなかったということになった。学校や町教委も解同大方支部に対して、取り組みの不十分さの反省と今後の取り組み―「解放子ども会の生徒を中心とした人権教育の強化」を約束したのである。

田舎では集落のことを「部落」と呼ぶのが一般的で、日常的に使われている。私はA君が今後「ぶらく」という発言を聞いたり、文字を見る度に自分のことではないかと受けとめることを考えると、「こだわり」を植えつけた大人の責任を痛感したのであった。「部落差別に負けない子どもを育てる」という取り組みが、子ども達に必要以上に自分達の「立場」やルーツへの自覚を求めているとしたら、問題解決に逆行し、阻害しているのではないかと怒りを感じるのである。

三　部落問題の解決とは

行政や学校が部落問題の解決のすじ道や展望を示せず、教育・啓発の強化しか主張できないのは解同理論の影響があると思う。

杉之原寿一さん（神戸大学名誉教授）が、『部落問題の解決─国民融合の視点から』（新日本新書、1989年）という本の中で、解同の上杉佐一郎委員長の発言を紹介している。1989年4月15日の「朝日新聞」に掲載された座談会での次の発言である。「部落の人々の文化、慣習を消し去ることで差別解消を図るというのは正当ではない。部落民として解放されるのが理想である。」

この発言を杉之原さんは次のように批判している。「これは部落問題の特質や解放についての認識をまったく欠落させ、部落問題を女性差別や民族差別などと混同させた議論だと言わざるを得ません。」「部落問題の解決とは、『部落民としての解放』ではなく『部落民からの解放』であり、『部落』は解放されたら『部落』でなくなるのです。」

全解連は、1987年の全国大会で「綱領的文書」として採択された「二十一世紀をめざす部落解放の基本方向」で、部落問題が解決された状況を次の4つの指標で提起した。国民融合論である。

①部落が生活環境や労働・教育などで周辺地域との格差が是正されること。

②部落問題に対する非科学的認識や偏見にもとづく言動が、その地域社会で受け入れられない状況がつくりだされること。

③部落差別にかかわって、部落住民の生活態度・習慣に見られる歴史的後進性が克服されること。
④地域社会で自由な社会的交流が進展し、連帯融合が実現すること。
行政の見解は、部落問題の解決を「部落差別意識が払拭されること」「差別意識が無くなること」というもので、だからそれを教育・啓発で達成するというものである。私たちは、差別意識がゼロになることではなく、差別的な言動があってもまわりが同調しない、受け入れない状況ができれば解決とみるべきであると主張しているが、教育・啓発万能論に立つ行政側とは平行線である。資本主義社会の中で差別意識がゼロになるというようなことはあり得ない。

四 「高知新聞」投稿欄で論争

2020年6月26日の「高知新聞」に〈人権啓発シリーズ〉の記事としてフリーライターの角岡伸彦氏の文章が載った。その主張に疑問を持った私は、投書し7月4日付の〈声ひろば〉欄に掲載された。私の主張は4点であった。
①(啓発で)自らを「部落出身者」と位置づけることは、「違い」を強調し垣根をつくることになり、「こだわり」の克服に逆行するのではないか。
②部落問題を血縁でとらえるのは間違いではないか。旧身分にかかわる問題を民族や人種と同じ「血縁」でとらえると問題の解決にはならないのではないか。
③現在、部落も部落民も法的・制度的に存在しない。ネットの書き込みがあるからといって「本当の部落の姿を知ることが重要」との主張は理解できない。

④交流が進み、こだわりが薄れれば部落問題は日常的な課題でなくなる。ネットの書き込みや落書きがあっても、解消への歩みを止めることはできない。

これに対して、角岡氏の「出自を名乗る意味」と題する反論が7月22日付で掲載された。

①部落問題を考える文章で当事者を名乗るのは当たり前のこと（他の差別問題も同じ）。鎌田氏が部落出身者に対して何らかの「違い」を感じ垣根を作っていることを吐露している。

②部落問題を血縁でとらえる考え方について、万人にルーツがあり、各自がそれを考えることは重要、ルーツの序列化こそが問題。

③ネットでどれだけ部落に関する情報が飛び交っているか知らないからだろう。まさに現状認識の問題。

④地縁や血縁を価値付けるのが部落差別、親交を深めても垣根を作られることがある。だから出自を名乗る必要があるのだ。

福岡人権連の植山光朗事務局長は「出自宣言は、相手に反論させない『葵の御紋の印籠』である」と指摘している（2023年8月15日付「地域と人権」）。

この論争に4人の方がそれぞれの考えで参加した。「高知新聞」が部落問題への批判的な意見をタブー視せず、公開討論の場を保障したことを評価する投書もあった。

論争に参加した1人である戸田雅威（まさい）氏（元中学校長、県人権教育研究協議会会長）の主張は、解放教育派の理論的混迷を象徴するものであった。戸田氏は「『部落差別のない社会』とはどういう社会なのかを他の人権課題と重ねて考えてみました」として、次のように述べた。「『部落差別のない社会』とは、『部落出身者がいない社会ではなく、部落出身を明らかにしても差別されない社会』であるとの結論に至りました」として、私の主張に対して「『部落差別のない社会』を『部落出身者のいない社会』を考えておられるような発想に強い違和感を覚えたのです。」と批判している。

私は戸田市の見解に対する批判を投書し、8月8日付で掲載された。要点は次の通りである。
①部落問題の解決は「部落民」としての解放でなく、「部落民」からの解放である。女性や障害者や民族等の問題との根本的な違いである。
②制度として出来たものは、制度が消滅すればなくなるのは当たり前で継承すべきものではない。
③地域改善対策協議会が1986年に出した「意見具申」で4つの阻害要因、新たな差別意識を生み出す「新しい要因」が提起されている（▽行政の主体性の欠如、▽同和関係者の自立向上の精神のかん養の視点の軽視、▽えせ同和行為の横行、▽同和問題についての自由な意見の潜在化傾向）。
これが問題解決のカギである。

角岡氏は8月22日付で「被差別部落の残り方」と題する再反論を発表した。結論として「部落が残るのは決して悪い事ではない。要は残り方である。」と主張した。私は、それ以上の反論は止めた。解同派の理論的混迷が明白になった。改めて国民融合論への確信を強めた。部落問題が解消に向かう過程は、部落問題への関心や「こだわり」が薄れて、交流が進んでいく状態である。行政がいつまでも「部落差別をなくする強調旬間」を続けているのは自己矛盾である。

(9) 真の人権確立をめざして

一　広がった反「解放教育」のとりくみ

解同と教育委員会、県同教の三者が一体となって「解放教育体制」が敷かれてきた。批判など発言の自由が抑圧され、教育の条理に反するエセ理論、エセ実践がまかり通った。さらに介入、干渉によって学校の主体性や教職員の自主性も阻害された。

こうした中で、私たちは教職員・父母・住民と連帯してたたかってきた。県下で反「解放教育」の動きは広まっていった。私の個人的な経験であるが、１９８７年から２００４年の18年間に、県内の学習会、研修会、教研集会に１１８回講師として参加している。平均すると年６・５回になる。

その中でも特徴的なのは、校内研修や園内研修、市町村同教の研修など公的な場に１９８８年から２００２年の15年間に18回参加したことである。組合の先生方が、私の話を聞いて職員会で推薦してくれたのである。中には職員会で決まった後、校長が県教委へ私についての問い合わせをして、アドバイスをもらい潰されたケースがあったことも聞いた。

保育士（当時は保母）さん達は、「解放保育」「同和保育」という保育実践上あり得ない課題を前に苦慮していた。市町村職労（現・自治労連）保育部会のみなさんと「保育学校」の同和分科会で知り合い、県内の地域、職場の研修会に呼んでいただくことになった。私が参加したのは、安芸市、香美市、南国市、高知市、四万十市、大月町の学習会である。

教育行政は解同に屈服すると共に、彼らの反共、分断路線を利用して職場から組合の活動家を追い出し、組合活動の弱体化をねらった。「解放教育」に熱心な者は出世させ、批判的な者は山間部や離島の学校、高校では定時制や通信制に転出させるというアメとムチの人事対応も行った。

二　最近の私たちのとりくみ

1．現状をふまえた教育・研修の改善と中止を求めて

私たちは、現在部落問題は日常的な課題ではなくなっていると考えている。住環境の改善、混住の進展と交流の広がり、若い世代の旧身分へのこだわりの減少、融合結婚の前進など、状況は大きく変化、前進しているのである。ネット上の書き込みがあったり、落書きがあっても、この流れを押しとどめることはできない。

このような状況の中で行政は、「差別意識はまだ残っている」とか「部落差別解消推進法も部落差別の存在を認めている」などの理由で旧態依然の教育・啓発論にしがみついている。ところが、「部落差別解消推進法」は何が部落差別か定義をしていない。現在、教育・啓発が誤解や偏見を助長したり、問題解決への展望を見失わせる側面を持っていることを直視すべきである。そもそも住民の「意識」変革を行政課題とすること自体が不当である。行政手法として見直すべきである。

部落問題が解決していく過程とは、関心やこだわりが薄れていくことである。高知県や高知市が「部落差別をなくす強調旬間」を未だに続けていることは大いに疑問である。「強調」しながら薄れていくというのは、特別扱いしておいて特別視するなと言うのと同じく論理矛盾である。

2020年6月に法務省人権擁護局が『部落差別の実態に係る調査結果報告書』を発表した。全国376市町村の400地点で行った6216人へのアンケート結果である。219頁におよぶ長いものであるが、その中で注目すべき次のような記述がある。

「全体として差別意識は低い。」「人権教育や部落差別に関する啓発を受けた経験がなくとも、差

別意識は低い。他方で、概して、啓発を受けた経験があると答えた人が、啓発を受けた経験がないと答えた人に比して、『気になる』の割合が相対的に高い。」

これは、現在の行政啓発の問題点と限界を示すものに他ならない。現在、部落問題は常識で対応できる状況にあり、行政の言う「正しい理解のための啓発」が誤解や偏見を植えつけていることを見逃してはならない。「寝た子を起こすな論」との批判もあるが、もはや部落問題に関して人権教育・啓発を強化しなければならない状況ではない。大事なのは、職場や地域での基本的人権の確立である。

2．人権を矮小化している「人権教育」の問題

現在、行政が「人権教育・啓発」として提起している方針には、次のような問題点がある。

①人権が少数者の差別問題に矮小化されている。
②国民間の差別問題にすり替えて、国や地方行政、企業・団体の課題を免罪している。
③民族問題、旧身分の問題、資本主義的差別の問題が並列され、認識を混乱させ、部落問題解決への展望を阻害している。
④憲法の基本的人権の観点が欠落している。特に生存権、自由権、幸福追求権（第13条）がまったく取り上げられていない。
⑤「身近な人権課題」といいながら、働く人の人権が欠落しているか、「その他」にされている。

このように「官製人権教育」は、政府、自民党や企業・団体からの人権侵害から目をそらせ、人権を国民間の差別問題にすりかえるねらいを持つものである。

「官製人権教育」の問題点については、英国エセックス大学人権センターフェローの藤田早苗さんも次のように指摘している。「かねて専門家からも、日本の法律では人権教育の定義や目的が、思い

やりなどの国民相互の問題に矮小化されているため、国や地方自治体の人権実現のための責任を回避できてしまう危険が指摘されていた。」（『武器としての国際人権』集英社、２０２２年）
ジェンダーギャップ指数が１４６カ国中１２５位であることや、４割の非正規労働者の存在、入管制度や難民対応での人権無視、企業における人権問題など、「人権後進国」と言われ、国連の人権関係機関からもたびたび勧告や提言を受けているのが日本の現状である。人権確立の最大の阻害要因は、憲法無視の政府、自民党である。あらためて、日本国憲法にもとづく地域人権社会の構築が課題である。そして「人権」の基盤は「自由」であることを痛感している。そのことを抜きによりよい社会、未来社会の展望は生まれない。憲法第三章は、国民の権利を規定している。29条にわたる権利の条項で、直接「自由」のことばが使われているのが8つ、ことばとしてはないが意味として自由を示すものが４つあり、合わせると41・３％が自由の権利となる。第97条は、憲法が保障する基本的人権について、「人類の長年にわたる自由獲得の努力の成果」と規定している。
小畑隆資さん（岡山大学名誉教授／岡山県地域人権問題研究集会実行委員長）は、人権連が提唱する「地域人権憲章」の意義を次のように述べている。「人権の基軸に『基本的人権』＝『自由権』を据えたことにある。すなわち、日本国憲法の基本的人権規定＝『生命、自由及び幸福追求の権利』（13条）の『自由権』を基軸に『地域人権』概念を定式化したことは、それまでの護憲運動の人権理解の中心にあった『平等権』（14条）と『生存権』（25条）および『平和権』（9条）の根底に『自由権』（13条）を据えて日本国憲法理解を大きく前進させた。」（人権連「地域と人権」２０２２年9月15日付）

3．障害者（児）の人権とハラスメント防止のとりくみ

障害者（児）の人権問題では、高知市内の中学校での発達障害の生徒への無理解な対応が問題とな

り、人権共闘会議の市教委交渉、保護者の訴えによる市議会での日本共産党の浜口佳寿子議員の質問などで問題点を明らかにしていった。保護者は、谷脇和仁弁護士を代理人にして交渉し、当時の校長が生徒、保護者に謝罪した。

民間企業における「障害者枠雇用」の労働者に対する「合理的配慮」の欠如や障害者差別、パワハラの問題で、労働局への働きかけ、「調停」での補佐人としての援助、企業との仲介役を果たした。

学校現場でのパワハラ・セクハラは、県立高校での教育実習生に対する指導教官によるもの、小学校での教頭による臨時教員へのセクハラ（加害教員は免職処分）問題が起こった。事務局の野村幸司さんを中心に、被害者や家族への聞き取りやサポート、県教委への提案などを行った。県議会では、総務委員の日本共産党の秦愛県議、中根さち県議が県教委の姿勢を厳しく追及した。第三者委員会からの指摘も受けて、長岡幹泰県教育長は、校長会で「被害者に十分寄り添えなかった」「要因は学校・教育委員会の閉鎖性」と陳謝した。

相次ぐ不祥事に、長岡教育長はマニュアルの不備を理由にあげている。しかし、欠けているのはマニュアルの活用ではなく、人権に対する常識である。根本にあるのは、差別問題に矮小化した県教委の人権教育方針にあると考えるが、教育長にその認識はない。

数年前に県教委教職員福利課が県内の小中学校におけるマタニティーハラスメントについてアンケート調査を行った。その記述欄を見ると、学校現場の異様な実態が明らかになっている。

○妊娠を職場に告げると先輩教員から「この忙しい時期に」と嫌な顔をされた。
○校長から「その子は今産まなければいかんのか」と言われた。
○校長から「わしの女房が妊娠した時は職場を辞めさせた」と言われ、自分が迷惑をかけていると思った。

このような書き込みが20数人からなされていた。これについて何らかの対応をしたという話を聞いたこともない。長年の歪みの中で、部落差別以外は何が人権かも分からなくなっているのではないかと思われる。人権共闘会議は、問題点の指摘と今後の課題について、県教育長への話し合いの申し入れを行う予定である。

三　最強の役員体制確立

現在の県人権共闘会議の役員体制は、最強といえるもので、この機会に紹介しておきたい。

○議長
中根豊作（元県教組委員長）
○副議長
米田　稔（前県会議員、人権連副議長、県革新懇代表世話人、生健会県連合会長）
原　　淳（元事務局長、元高退協事務局長、元高校同和教育主任）
倉口長生（元全解連窪川町台地支部長、県退教事務局次長）
松本金親（元解同正常化連県青年部長、元高知市職労執行委員）
○事務局長
畑山和則（元県教組書記長、県教組副委員長）
○事務局次長
森田一信（元全教高知市教組書記長、県退教事務局長）

掛橋佐和（高教組書記長）
○事務局員
下元博司（前高知市会議員、人権連事務局次長、高知市生健会副会長）
三﨑明子（元全解連女性部書記長、元県教組教文部長、県退婦教常任委員）
米満敏孝（元高教組書記長、高退協事務局長）
野村幸司（元高教組書記長、高退協副会長、子どもと教育を守る県連絡会事務局員）
宮本直樹（元高知市職労副委員長、高知市会議員）
細木　良（前高知市会議員、高知県会議員）
○顧問
鎌田伸一

四　長くねばり強く取り組めた要因

①県教組、高教組を中心に事務局体制がしっかりしてきたこと。月1回の役員会を欠かさず、集団討議してきたこと、憲法12条の「不断の努力」を貫いてきたこと。

②学習を重視し、理論闘争を強めてきたこと。学習会で招いた講師は丹波正史さん、新井直樹さん、梅田修さん、杉之原寿一さん、杉尾敏明さん、石川元也さん、小畑隆資さん、杉島幸生さん、谷脇和仁さん、秦重雄さん、加藤誠之さんなどである。私たちを励まし、指導していただいた東上高志さん、村崎勝利さん、成澤榮壽さん、大同啓五さんも忘れることはできない。

「差別事象に対する全解連の方針」と『学びなおしの部落問題』（部落問題研究所）はたたかいに役だった。雑誌『部落』（現『人権と部落問題』）と人権連の『地域と人権』誌からも多くを学んだ。③日本共産党議員（団）との連携で、議会内外のたたかいを共同して発展させてきた。現在もブロックごとに議員さんとの学習交流会を開いている。④地域の人権確立をめざし、父母・住民と幅広い取り組みを展開してきた。⑤記録化しないたたかいは風化するとの思いで、節目にパンフ作成や本の出版に取り組んだ。そのことが成果と教訓を継承することにつながった。

今まで本が4冊、パンフが7冊、雑誌『部落』（現『人権と部落問題』）に、私たちの運動関係者18人がこれまで取り組みを報告している（岡村峰夫、小笠原政子、鎌田伸一、窪田充治、笹岡　優、澤谷寿美、中田　宏、永野健一、西村導郎、橋元陽一、橋田早苗、久武玲子、村上信夫、安田　勝、山原和生、山下正寿、米田　稔、吉岡　浩）。

五　自由は土佐の山間より

２０２４年は、八鹿高校事件50周年と土佐の自由民権運動１５０周年の節目の年である。八鹿高校事件がキッカケで、私たちの共闘会議が結成され50年続いてきたことに深い感慨を覚えるものである。

「東洋大日本国国憲按」を書いた植木枝盛は、立志社の機関誌創刊号に「自由ハ土佐ノ山間ヨリ発シタリ」と書いた（この「山間」は僻遠の地の意）。この言葉は、２０００年10月の県議会で、「県詞」として満場一致で可決された。高知市立自由民権記念館の前には、この言葉を刻んだ碑が建てられている。１８７４年「民選議院設立建白書」を提出し、国会開設を求めた土佐の先人は、昨今の国会状況をどう思うだろうか。自由民権運動の最後の盛り上がりを見せた１８８７年の「三大事件建白運動」は、言論の自由、租税の軽減、外交失策の挽回を求める一大請願運動であった。立志社の社長で初代県議会議長、衆議院議長もつとめた片岡健吉は、「建白書」の結びに「生きて奴隷の民たらんよりは、死して自由の鬼たらん」と書いた。自由と民主主義、人権を求める民衆のたたかいは、黒潮の流れの如く止むことはない。

(10) 県教育委員会の人権教育の問題点（2010年当時）

一　人権教育の位置づけについて

1．自分の人権への自覚の欠落

県教育委員会（県教委）の人権教育方針は、人権を弱者、少数者などの他者に対する差別の問題としてとらえている。差別をしないようにということが中心になり、幅広く豊かな人権認識を身につけることを阻害している。

一人一人の児童、生徒が、自らの人権について自覚を高める取り組みを軽視し、人権とは他者に対する差別の問題であるかのような誤解と偏見を与えるものとなっている。

2．人権を7課題に限定

県教委は限定された7課題（同和問題、女性、子ども、高齢者、障害者、HIV感染者、外国人）をあげて、これらについて学ぶことが人権教育であると位置づけている。これは、基本的人権にふさわしい教育を実現するという「人権としての教育」を欠落させたもので、しかも教育をきわめて偏向させるものである。

大崎博澄前教育長は、私たちに対して「7課題を押しつけるものではない。人権教育の課題は色々ある」と答弁しているが、実際は半強制的になっている。それを示すのが県教育センターが集約している「人権教育実践概要」の報告書である。この報告書には、「県民に身近な7つの人権課題位置付け（指導の場）」という項目があり、どの学年で7課題を取りあげたかを記入するようなマス目が用意されている。これは7課題をどう取り上げているかの点検に他ならない。県教委は、実践交流のための資料であると説明している。もしそれが本当なら、あらかじめこのようなマス目を作らず、各学校が取り組んだ内容を記述させればよいはずである。

さらにこの報告書は、その次の項目として「人権に関する上記以外の課題及び学校独自の取組み」という記述欄を作っている。このように7課題とそれ以外の課題というように人権を別ける発想は、きわめて非人権的な感覚と言わねばならない。

二　人権を矮小化していること

1．「人権としての教育」の欠落

県教委がいかに人権を狭くとらえているかの問題点の一つは、子どもたちの人権を保障する学校づくり、教育実践のための条件整備の課題を抜かしていることである。子どもの人権が保障され、一人一人が自分の人権への自覚を高める実践をすすめるためには、ゆきとどいた教育のための条件整備が不可欠である。「子ども」という課題をあげながら、「子どもの権利条約」についてはほとんど取り上げられていない。

また、人権教育という場合には、教育の自由と権利が保障されなければならない。さらに、教育の専門家としてそれにふさわしい処遇をし、尊敬しなければならない。先生の人権が保障されずに、人権教育の推進がはかれるはずはない。

2. 人権を国民間の差別の問題に限定

人権を7課題に限定し、「これを学ぶことが人権教育であるとする県教委の考えは、人権を弱者、少数者の差別の問題に矮小化し、幅広い豊かな人権認識の育成を阻害するものである。人権を学ぶ基本は、日本国憲法の学習である。憲法は平等権、教育権、労働権、参政権、団結権など個別の権利を規定しているが、それらを一括して表現しているのは第13条の「生命、自由及び幸福追求に対する国民の権利」である。これは、人権の本質が「個人の尊重」であることを示すものである。県教委の人権教育方針には、このような観点は見られない。

また、憲法は国民の人権擁護のため、公権力や企業、団体などによる人権侵害を禁じるものとなっている。第99条に規定されているように、憲法尊重・擁護の義務を負うのは、天皇、国務大臣、国会議員、裁判官、公務員などである。当然のことながら、国民には憲法を守る義務は課せられていない。

このように人権は、権力から国民をまもるというタテの関係で考えるべきものである。ところが県教委は、権力や企業、団体による人権侵害を不問にし、国民間のヨコの差別問題だけを取りあげているのである。

三　7課題の登場とすりかえの問題点

1．国連人権教育の10年が提起したもの

１９９５年から２００４年までの、「人権教育のための国連10年行動計画」は、何を提起したものであったのか。この行動計画では「人権教育」について次のように提起している。「知識、技能の伝達と態度の形成を通して人権という普遍的文化の構築を目標とする研修、普及、情報の諸努力」

この文面からもわかるように、国連の行動計画は「研修、普及、情報の諸努力」を「人権教育」と称しているのであって、学校教育は含まれていない。従って「対象者」も「人権の実現にとくにかかわる立場にある」者ということで、「警察官、刑務所職員、法律家、裁判官、カリキュラム作成者、軍人、国際公務員、開発や平和維持に携わる人々、ＮＧＯ、メディア、公務員、議員、その他の人々」があげられ、この人々の研修に「特別の注意が払われる」と提起しているのである。

そして「人権に特に重点がおかれる」人々として、「女性、子ども、高齢者、少数者、難民、先住民、最貧の人々、ＨＩＶ感染者、エイズ患者、その他の弱い立場の人々」が並べられている。

政府や県は、いかにも国際的な流れであるかのように、国連の権威を利用しながら推進を煽ったが、実際はそうではないことを人権連の新井直樹事務局長が明らかにした（『「国連人権教育10年」を考える―何が問題か』部落問題研究所、１９９７年）。

それによると、推進本部を設置したのは、日本、ノルウエー、スーダンのみ。国内行動計画を作ったのは、日本、フィリピン、インドネシアのみで、両方は日本だけであったのである。

2.「地対財特法」の失効への対応

２００2年3月末をもって「地域改善対策特定事業に係る国の財政上の特別措置に関する法律」（地対財特法）が失効したことによって、永年にわたって行われてきた同和地区ならびに同和関係者を対象とする特別措置は終了し、一般行政に移行した。

政府は、地域や人の線引きがなくなることから、「同和教育・啓発」の転換を検討してきた。そして、１９９６年5月に出された地域改善対策協議会「意見具申」は、「従来特別対策として行ってきた学校教育や社会教育の関連事業、各種の啓発事業については、人権教育・人権啓発の推進という観点から再構築すべき」と提起した。

この「意見具申」には2つの注目すべき点がある。一つは、同和教育・啓発を「特別対策」であると認めていることである。かつて「同和教育は民主教育の原点」という主張があり、私たちはこれを批判してきたが、そのことの正しさが証明されたことになる。もう一つは、地対財特法が失効すれば地域や人を線引きすることが出来ないことを示したことである。だから同和教育・啓発を継続することができなくなるため、「人権教育・啓発」に再構築すべきと提起したのである。

3.国連行動計画のすりかえ

１９９6年「意見具申」は「人権教育・啓発」を提起したが、それがどういうものかについては明らかにできなかった。論議の中で、道徳教育のイメージとの違いさえ明確にできなかったのである。

その時、「人権教育のための国連10年行動計画」が出たので、政府はこれを「活用」したのである。その際重大なすりかえが行われた。一つは、国連がいう「人権教育」は「研修、普及、情報の諸努力」であるのに、これを学校教育や社会教育における「人権教育・啓発」に置きかえたのである。二つめは、「人権に特に重点がおかれる」として国連があげた人々を日本流に置きかえ、その中に「同和問題」を入れたことである。

１９９７年7月に出された「『人権教育のための国連10年』に関する国内行動計画」は、「重要課題への対応」として「女性、子ども、高齢者、障害者、同和問題、アイヌの人々、外国人、ＨＩＶ感染者、刑を終えて出所した人」の9課題をあげた。この中に「同和問題」を入れたことは矛盾を持つものであった。他の課題はすべて「人」を示しているのに、「同和問題」とせざるを得なかった矛盾である。それは「地対財特法」が失効すれば、「人」の区分けができなくなるので、「同和関係者」とすることができなかったからである。そのため、違いのある課題の中に、違いのない「同和問題」を入れるという結果になったのである。

4．県内行動計画の特徴と問題点

「人権教育のための国連10年県内行動計画」（高知県）は、１９９８年7月に出された。ここではさらに新しいすりかえが行われた。国内行動画では5番目にあった「同和問題」を1番目に持つて来たのである。人権に軽重はないので、国内行動計画が並べたのは対象者の多い順だつたと思われる。ところが高知県は、「同和問題」が最も重要な人権だということで1番目に移したのである。このことによつて、これ以後人権を言うときの県の決まり文句は、「同和問題をはじめとするあらゆる人権」となった。人権に序列をつける考えはきわめて非人権的であり、しかも現在同和問題が最も重要な人権問題だという状況にはない。

5．人権教育の内容を定めたものは存在しない

県救委は、人権教育・啓発の内容を7課題について学ぶことが中心であるかのような対応をしているが、そのような定めや方針はどこにもない。たとえば、「高知県人権尊重の社会づくり条例」（1998年）にも、「人権教育及び人権啓発の推進に関する法律」（2000年）にも、「高知県人権教育基本方針」（2002年）にも、人権教育の中味を定義・規定した文言は一切ない。人権教育として説明されているのは、「人権尊重の精神の涵養」「人権意識の高揚」「豊かな人権感覚をそなえた県民の育成」という言葉だけである。

人権教育の内容を書いていないのは、人権教育が多様な中味を持っていることと、もともと教育そのものが人権教育だから説明できないのだと思われる。人権学習はあっても、これが人権教育だというのは元々存在しないのではないか。

7課題なるものは、先にあげた条例や基本方針の前文で、現実社会にはこういう課題があるということで、現状説明の中でふれられているものなのである。

四　行政啓発の問題点

杉之原寿一氏（神戸大名誉教授）は、「行政の任務は国民の自主的な学習活動のための条件整備」であるとして、行政啓発を次のように批判している（『「啓発」批判と意識変革』兵庫部落問題研究所）。

「行政などの公的機関は、『啓発』などいかなる名のもとにおいても、人間の内面の問題である意識

変革に介入すべきではない」「『啓発』などという曖昧かつ不正確な用語を使用することはやめよう。」

行政啓発の問題点は他にもある。恣意的な内容や誤った見解によって、誤解と偏見が助長されることが多いことである。具体的には次のような問題がある。

1つめは、差別意識の「根深さ」が強調されたり、差別探しや差別作りが行われ、部落問題解決のすじ道や展望が語られないことである。中には利己心や優越感などに原因を求め、格差や差別を前提とする資本主義社会では部落問題の解決は難しいかのような論調もある。部落問題の解決は、差別的な考えを持った人がゼロになることではない。次のような状況が実現されれば、基本的に解決したといえる。

①就職や結婚で旧同和関係者に対する不当な扱い、排除がなくなること
②旧同和関係者が、日常生活の中で交流を疎外されたり、排斥されたりしないこと
③差別的な考えの人が居たり、差別的な言動があっても、それがまわりに受け入れられない状況ができること

私たちのまわりにはすでにこうした状況が実現しており、誤った行政啓発は、これを妨害するものとなっている。

2つめは、江戸幕府が農民支配のために部落を作ったという「政治起源説」が語られたことである。県教委は、県民啓発として「同和問題に対する基本認識六項目」を作り、6講座を各地で開いた。その第1講座のテーマが「部落はいつ、だれが、どのような目的で作ったか」というものである。

政治が身分を固定化、制度化したことはあっても、身分が政治的に作られたことはないというのは、歴史学者・研究者の常識である。このような状況の背景には、政治が作ったものだから政治で解決す

べきだという行政闘争の「理論」があったと思われる。私たちの何回にもわたる指摘の中で、「解放教育」推進者の中からも誤りであるという声が出始めて、県教委はやっとこれを中止した。

3つめは、「人権教育のための国連10年行動計画」に関して、国連が人権教育の内容を4つに定義しているかのような見解を「人権教育指導資料」(２０００年作成)に載せていた問題である。これは「人権教育の4つの側面」(「人権のための教育」「人権としての教育」「人権を通じての教育」「人権についての教育」)として説明されてきた。この考えは、森実教授（大阪教育大学）の主張を無批判に取り入れたものであった（「国際人権教育と同和教育の接点を求めて」『部落解放研究』１０２号）

私たちが国連文書にこのような定義や分類がないことに疑問を持っているとき、八木英二教授（滋賀県立大学）が、森氏の見解を次の2点から批判した（「『人権教育』って何だ」部落問題研究所）。1つは、国連の文書にはこのような区別はないこと、2つめは、このように4分割すると「人権としての教育」の重要性が曖昧になってしまい、一体何が大切なのかがわからなくなってしまうということである。

この批判に対して森氏は、国連との関連の誤りを認めながらも、「人権教育の4つの側面」は重要だと開き直っている（「人権教育の4つの側面に関する考察」『人権教育』第18号、２００２年冬）。「『人権教育の4つの側面』という整理の仕方は、実質的には私たちがあれこれの文書からまとめて整理したものです。直接この4つの側面を整理した国際的文書はない。」それなのに、なぜ森氏は国連と関連づけた書き方をしたのか。その作為について、次のように説明している。「『人権教育の4つの側面』という言い方を使うことによって、同和教育がこれまでめざしてきた事柄を位置づけやすくしたいという思いもあった。」

この「告白」からもわかるように、人権教育を4つに分類したことは何の意味もないものであった。

意味があるとすれば、国連の権威を借りて、同和教育を人権教育の中で延命させるということである。私たちは、これらの事実を示して県教委を追及し、国連との関連で人権教育の「4つの側面」を説明することをやめさせたのである。

五　人権を意識の問題として教育・啓発で解決しようとする誤り

1．「差別意識」とは何か

生田周二教授（奈良教育大学）は、「『差別意識』というとらえ方は、日本特有のもので、内容は不確かな部分が多い概念」であると指摘している（『差別・偏見と教育』部落問題研究所）。「差別意識」と言われると、わかったような気になるが、いざ説明しようとすると、どんな意識のことか定義することは難しい。この曖昧（あいまい）さが利用されて、「差別意識論」がまかり通っているのではないか。

人間の意識の中には、偏見、蔑視、ステレオタイプ、誤解、権利侵害、排除、区別、隔離、誹謗、中傷、反発、名誉毀損につながるようなものがある。しかし、心の中で何を思い考えても、それが具体的な行動に現れない限り、差別でもないし人権侵害でもない。

辞書を見ると、差別について「差をつけて扱うこと。わけ隔てをすること」とある。具体的行為のことであることがわかる。具体的行動をともなわないもの、人権侵害の事実がないものを差別だということはできないはずである。従って「心理的差別」などという考え方は成り立たない。

人は心の中で何を考え、何を思おうと自由である。それは善悪を問わない。それが憲法が保障する内心の自由であり、人権なのである。たとえ心の中に「差別意識」があったとしても、それが具体的な言動に現れない限り、他者からとやかく言われる筋合いのものではない。よく、心の中によからぬ考えや思い、差別的な気持があれば、それが言動に現れるのではないかと心配する人がいるが、測り知れない人の心をそんな風に考えればきりがない。そのためにこそ、理性や知性の働きがある。

行政や学校が、「摘みとろう 心の中の差別の芽」という人権標語をかかげることがあるが、このことが問題であり、憲法の内心の自由を侵害しているということがわからなければ、その人たちの人権感覚が問われことになる。心の中を公が問題視することは、小説の中の殺人事件について、作者に罪を問うのと同じようにナンセンスなことである。

2.「差別意識が根強い」とどうやって測れるか

意識は内面の問題であり、それが浅いか深いかなど外から測ることはできない。測る方法がないのである。そこで県教委は、「人権意識調査」の結果を引用して「根深い」と主張しているが、このようなやり方は間違いである。

第1に、意識調査はどう思っているかの結果であり、その数字が差別の実態や人権侵害の事実を示しているものではないということである。

第2に、仮定の設問であり、その答えと実際とが異なることはいくらでもある。アンケートで、同和関係者との結婚を「認める」と答えた人が、相手を見て反対したり、「認めない」と答えた人が、相手を見て賛成するといった事例はいくらでもある。

第3に、本当に「根強い」というためには、客観的な根拠が必要である。梅田修教授（滋賀大学）は、「根強い」と言えるのは次の2つの事実がある場合のみであると指摘する（『人権教育の検証』部落問題研究所）。一つは、旧同和地区住民に対する「差別的言動」が地域で頻発している場合である。二つめは、公的な場から旧同和地区住民を事実上排除するといった「差別的な慣習」が地域に定着していることである。

しかし、部落問題が基本的に解決してきている現在、このような実態はどの地域にも存在しない。「根深い差別意識」などというのは、人権行政に金をかけるために行政が作った虚構であることは明白である。このような非科学的、非現実的な対応を行政がとることの背景には、解同の存在がある。奥山峰夫教授（大阪経済法科大学）は、「差別糾弾が運動の生命線だとする『解同』は、差別がなくなったら無理やり作らなくてはならなくなる」と本質をついている（岡山での人権問題県民講座、２００９年11月29日「しんぶん赤旗」）。

解同路線へ迎合する以上、「差別」を無理やり作らなくてはならない。これは後述する子どもの言動を「差別事象」扱いする対応にも現れている。

3．教育・啓発によって「差別意識」が解消するとは言えない

教育・啓発によって「差別意識」が解消する、部落問題が解決するというのは、何の根拠もない幻想に過ぎない。教育で社会問題を解決しようという考えは、「教育万能論」として批判されている。もし教育・啓発で部落問題が解決するのなら、行政の取り組みも、国民的な運動も不要になる。梅田修教授は、和歌山県串本町で行った「人権意識調査」を分析して、行政が実施した教育・啓発への参加状況と人権問題への意識状況の関連性は認められないと、次のように報告している（『人権教育の検証』）。「参加して、自分の意見を持つ、自分が変っていく手がかりを得る機会はあるとしても、『差別意識』の解消や『人権意識』の高揚に直接影響しているとはいえません。」

そして梅田教授は、人権教育・啓発によって「差別意識」の解消をはかろうとすることに対して、

「『差別意識』の解消や『人権意識』の高揚をめざすという目的設定自体が問われている」と指摘している。行政の主たる任務は条件整備であり、市民の自発的な学習の援助である。住民を「差別意識」の持ち主であると決めつけて、教育・啓発で意識をかえてやろうというような取り組みは即刻やめるべきである。

「地対財特法」の失効を前にして、総務省地域改善対策室が、2001年10月に開いた「全国地域改善対策主管課長会議」で、佐藤室長は行政説明として次のように述べている。「なお残る差別の感情、意識を行政による啓発だけで解消しようとすること、またお金をかければかける程効果があると考えることは正しくない。」

4.「差別意識」の解消を阻害し、新たな「差別意識」を生む要因とは何か

地域改善対策協議会「意見具申」(1986年12月)は、きわめて重要な指摘をしている。「実態の劣悪性が差別的な偏見を生むという一般的な状況がなくなっているにもかかわらず、『差別意識』の解消が必ずしも十分進んでいない」背景として、「昔ながらの非合理的な因習的な差別意識が現在でも残っているとともに、今日差別意識の解消を阻害し、また新しい差別意識を生む様々な新しい要因が存在していることがあげられる」として、次の4つの「新しい要因」をあげている。

①行政の主体性の欠如
②同和関係者の自立、向上の精神のかん養の視点の軽視
③えせ同和行為の横行
④同和問題についての自由な意見の潜在化傾向

当然のことながら「意識」は実態や出来事の反映・結果であるのでここに入っていない。県教委は

「意見具申」の指摘する要因には目を向けず、結果である「意識」にこだわっており、本末転倒といわざるをえない。

さらに「意見具申」は、「因習的な差別意識は、本来、時の経過とともに薄れゆく性質のものである。しかし、新しい要因による新たな差別意識は、その要因が克服されなければ解消されることは困難である」と提起している。「新しい要因による新たな差別意識」こそ現在の問題点である。

六　児童・生徒の言動を「差別事象」扱いする誤り

1．「差別事象」扱いするのは非教育的

学校での児童・生徒の言動は、たとえ賤称語を使ったものであれ、社会問題と同じように「差別事象」扱いすべきではない。教育は、間違いやつまずきを前提にしており、子どもの言動を「差別事象」扱いすれば、教育が成り立たなくなる。学校が発達途上の子どもの不用意な言動をとらえて、「差別者」と規定するなどはナンセンスである。

学校は社会とは異なる。学校ではケンカで怪我をしても、物が無くなっても、訴えがない限り傷害事件、窃盗事件として扱うことはない。教育的な対応をするのは常識である。賤称語が使われたからと言って「事象」扱いして大さわぎをするのはきわめて非教育的な対応である。

2．教えるから賤称語を使う

子どもたちが賤称語を使うのは学校で教えるからである。現在、ほとんどの子どもが学校で知識

を得ている。教える以上、未消化のまま使うことを予測しなければならない。教科の学習でも、教えたら全員が100点をとるとは限らないのと同じである。「教室で授業の時以外は使ってはいけません」と言つて教えているという話を聞いたが、そんな勝手な大人の理屈は子どもたちには通用しない。

また賤称語の使用が問題になる時、ほとんどの場合どういう意図で使用したのかに目を向けない。言葉だけに反応している。実際の発言を見ると、明確な差別、人権侵害の事例は見当たらない。

県下の児童・生徒の「差別事象」の8割を占める高知市では、市教委は、賤称語を使う目的を「相手を攻撃したり、やっつける場合や、教員の指導に反発する場合」と答えている（2009年6月議会での日本共産党・林てる子市議の質問への教育長の答弁）。これが実態である。教えておいて、不用意に賤称語を使ったら、その目的や意図を抜きにして「差別事象」だと扱うのは、正常な姿とはいえない。

七　事実に反する「根拠」にもとづく教育・啓発はやめよう

県人権課が集約している「差別事象一覧表」の中で、児童・生徒の言動を除けば、大人のものはごく限られている。酔っ払いの暴言や、行政や解放運動団体への反発、一人の人間が何カ所も書いた落書、行政の取り組みの強化を促そうとして書かれたと思われるものなど、特異で非常識な人物のものがほとんどである。これをもって住民の差別性の現れなどということはできない。また、就職差別や結婚差別は、この20数年間ほとんど集約されていない。

いろいろな社会的事件があるたびに「住民の○○性の現れ」などとは誰も言わない。県教委がやっていることは、解同に迎合した「差別」の水増しだと言われても仕方がない．

憲法にもとづく当たり前の教育を充実させ、一人一人を大切にする取り組みを推進すれば、自分の人権への自覚も高まり、差別や人権侵害がいけないことは常識として理解される。「教育それ自体が人権としての性格を持っている」（梅田修氏）という場合に使われる「人権としての教育」や「人権学習」というものはあるけれど、通常の教育の営み以外に「人権教育」など存在しない。

※第10章は、月刊『地域と人権』（人権連、２０１０年4月）より転載

「自由万歳」の大徳利

おわりに

初めての連載にとりくみ、一年間緊張の連続であった。書き残したこともあり、不十分さもあるが、高知県人権共闘会議の主なとりくみは記録できたと思っている。
苦労したのは、規定の字数に納めることと、多忙でまとまった時間が取りにくかったことである。資料は手元にあるので（年度別、自治体別、問題別の資料が3段の本棚4個分、他にパンフレットや本など）安心していたら、締切前になって予定の字数に収まらず、書き直しに夜中までかかって、次の日速達で送ったことが何回もあった。

高知市では2023年に選挙が5回もあった。新人市議候補者の後援会事務所の責任者をしたり、知事選では公示1カ月前に、市民と野党の共同候補として米田稔人権共闘会議副議長が急遽立候補することになって、あわただしい毎日となった。勝利はできなかったが、米田さんの誠実な人柄と「くらしにケアを―困難に寄り添うあたたかい県政を」という訴えは共感と感動・勇気を広げた。
有利である現職知事があせったのか、問題発言を繰り返し冷徹な一面をさらけ出すという場面もあった。

私たちは自治体の方針を検討し問題提起する話し合いを重視してきたが、今回取り上げることができなかったのは次の9自治体である。旧野市町（現・香南市）、香南市、香美市、南国市、土佐市、

旧中村市（現・四万十市）、宿毛市、大月町、土佐清水市。

人権に関して憲法学者の渡辺洋三さん（東大名誉教授）は次のように述べている。「人権の歴史は人民がそれをたたかいとってきた歴史である。そういう意味で人権はつねに私たち自らたたかいとるものであり、人権を侵害するものとのあいだの不断の闘争を必要とする。」（『人権と市民的自由』労働旬報社、1992年）あらためてこの言葉をかみしめ、愚直（ぐちょく）に取り組んでいきたい。

今までたくさんの方々の支援、協力をいただき、指導していただいた。すでに鬼籍（きせき）に入られている方も少なくないが、皆さんに心からお礼を申し上げたい。

いつも自治体交渉を取材し、記事にして問題提起してくれた「高知民報」の中田宏編集長に感謝している。節目にたびたび高知に来ていただき、理論的確信を与えて下さった梅田修さん、今回の連載と出版でもたいへんお世話になった。また、連載中いつも励ましていただいた編集部の出渕とき子さんにお礼を申し上げたい。

「継続は力」と言われるが、私たちの取り組みが何らかの参考になれば幸いである。

鎌田　伸一（かまた　しんいち）

略歴

1941年　高知県宿毛市生まれ。

早稲田大学教育学部国語国文学科卒業後、高知県立高等学校で臨時教員として教員生活をスタートする。県立高等学校5校で勤務し、定年退職。

この間の活動

高知県臨時教員制度廃止実行委員会事務局長／全国臨時教員問題連絡会副会長／高知高教組書記長／高知県教組副委員長／全教臨時教員対策部結成に関わり、結成時顧問／高知県人権共闘会議事務局長・議長／高知県人権連幹事

現在

高知県人権共闘会議顧問

高知県革新懇代表世話人

NPO法人「はすのは」（困窮者支援団体）副理事長

著書　『教育に臨時はない』民衆社

共著　『嘆きを怒りに』民衆社

『明日の教師たち』民衆社

『新教職員組合読本』学習の友社

『あたり前の教育を』南の風社

黒潮は流れてやまず—高知人権共闘会議のたたかい

2024年10月1日　初版印刷発行

著　者　鎌田伸一

発行者　梅田　修

発行所　公益社団法人部落問題研究所

〒606-8691　京都市左京区高野西開町34-11

TEL 075(721)6108　　FAX 075(701)2723

ISBN978-4-8298-1091-0